Aprendiendo con los
Niños Hiperactivos
Un reto educativo

Aprendiendo con los Niños Hiperactivos
Un reto educativo

Trinidad Bonet Camañes
Directora del Departamento Infantil de CINTECO
Psicóloga Especialista en Psicología Clínica

Yolanda Soriano García
Psicóloga Especialista en Psicología Clínica
Departamento Infantil de CINTECO

Cristina Solano Méndez
Psicóloga

Paraninfo

APRENDIENDO CON LOS NIÑOS HIPERACTIVOS
© TRINIDAD BONET CAMAÑES, YOLANDA SORIANO GARCÍA
Y CRISTINA SOLANO MÉNDEZ

Ilustrador
Javier Prats Bonet

Preimpresión
Copibook

Diseño de cubierta
Liber Digital, S. L.
Casarrubuelos (Madrid)

Reservados los derechos para todos los países de lengua española. De conformidad con lo dispuesto en el artículo 270 del Código Penal vigente, podrán ser castigados con penas de multa y privación de libertad quienes reprodujeren o plagiaren, en todo o en parte, una obra literaria, artística o científica fijada en cualquier tipo de soporte sin la preceptiva autorización. Ninguna parte de esta publicación, incluido el diseño de la cubierta, puede ser reproducida, almacenada o transmitida de ninguna forma, ni por ningún medio, sea este electrónico, químico, mecánico, electro-óptico, grabación, fotocopia o cualquier otro, sin la previa autorización escrita por parte de la Editorial.

© 2019 Ediciones Paraninfo, SA
1ª Edición, reimpresión, 2022

C/ Velázquez, 31, 3.º D / 28001 Madrid, ESPAÑA
Teléfono: 902 995 240 / Fax: 914 456 218
clientes@paraninfo.es / www.paraninfo.es

ISBN: 978-84-9732-503-5
Depósito legal: M-13.661-2009

Impreso en España / *Printed in Spain*

*«A todos los niños
con los que hemos aprendido
y seguimos aprendiendo»*

*«El valor más grande no es lo que sé,
ni lo que hago, ni lo que tengo.
Ni tan siquiera lo que soy.
Es lo que soy capaz de compartir»*

*«Cada relación nos hace ser algo
que nunca hubiésemos sido sin ella»*

EVA BACH, PERE DARDER

Contenido

Prólogo xi

1. ¿Qué es el déficit de atención? 1
    1.1. ¿Qué es el déficit de atención con o sin hiperactividad? ... 2
        1.1.1. Evolución cronológica 2

2. ¿Cuáles son las principales manifestaciones? 9
    2.1. ¿Cuáles son las principales manifestaciones de este trastorno? 10

3. ¿Cómo podemos identificar y modificar? 15
    3.1. ¿Cómo podemos identificar y modificar estas manifestaciones características del trastorno por déficit de atención con o sin hiperactividad? 16

4. Déficit de atención 17
    4.1. Déficit de atención 18
        4.1.1. ¿Qué es? 19
        4.1.2. ¿Cómo se manifiesta? 19
        4.1.3. ¿Qué consecuencias tiene? 20
        4.1.4. ¿Qué podemos cambiar para mejorar la atención? .. 21

5. Impulsividad 25
    5.1. Impulsividad 26
        5.1.1. ¿Qué es? 28

      5.1.2. ¿Cómo se manifiesta? 29
      5.1.3. ¿Qué consecuencias tiene? 29
      5.1.4. ¿Qué podemos cambiar para mejorar la impulsividad? 30

6. Hiperactividad 33
  6.1. Hiperactividad 34
      6.1.1. ¿Qué es? 35
      6.1.2. ¿Cómo se manifiesta? 37
      6.1.3. ¿Qué consecuencias tiene? 38
      6.1.4. ¿Qué podemos cambiar para mejorar la hiperactividad? 39

7. Dificultades de autocontrol 43
  7.1. Dificultades para el autocontrol 44
      7.1.1. ¿Qué es? 46
      7.1.2. ¿Cómo se manifiesta? 47
      7.1.3. ¿Qué consecuencias tiene? 47
      7.1.4. ¿Qué podemos cambiar para aumentar el autocontrol? 49

8. Estilo cognitivo 53
  8.1. Estilo cognitivo 54
      8.1.1. ¿Qué es? 56
      8.1.2. ¿Cómo se manifiesta? 57
      8.1.3. ¿Qué consecuencias tiene? 58
      8.1.4. ¿Qué podemos cambiar para favorecer un estilo de pensamiento adecuado? 59

9. Dificultades para demorar las recompensas 63
  9.1. Dificultades para demorar las recompensas 64
      9.1.1. ¿Qué es? 65
      9.1.2. ¿Cómo se manifiesta? 66
      9.1.3. ¿Qué consecuencias tiene? 66
      9.1.4. ¿Qué podemos cambiar para favorecer la demora de recompensas? 68

10. Inhabilidad motora 73
  10.1. Inhabilidad motora 74
      10.1.1. ¿Qué es? 74
      10.1.2. ¿Cómo se manifiesta? 75

10.1.3. ¿Qué consecuencias tiene?	75
10.1.4. ¿Qué podemos cambiar para mejorar la inhabilidad motora?	76

11. Relaciones sociales 79
    11.1. Relaciones sociales problemáticas 80
        11.1.1. ¿Qué es? 81
        11.1.2. ¿Cómo se manifiesta? 82
        11.1.3. ¿Qué consecuencias tiene? 83
        11.1.4. ¿Qué podemos cambiar para mejorar sus relaciones sociales? 84

12. Dificultades de aprendizaje 89
    12.1. Dificultades de aprendizaje 90
        12.1.1. ¿Qué es? 92
        12.1.2. ¿Cómo se manifiesta? 92
        12.1.3. ¿Qué consecuencias tiene? 94
        12.1.4. ¿Qué podemos cambiar para mejorar su aprendizaje? 95

13. Otras manifestaciones 103
    13.1. Otras manifestaciones 104

14. Cuestionario 107
    14.1. Cuestionario para facilitar la intervención en el aula 108

15. Algunos consejos 127

Glosario 135

Bibliografía 139

© ITES-Paraninfo

Prólogo

El Centro de Investigación y Terapia de Conducta (CINTECO) es un centro dedicado a la psicología clínica pionero en España del modelo cognitivo conductual, cuyo ámbito de trabajo se centra principalmente en la intervención clínica de las distintas patologías y trastornos del comportamiento, en la investigación y formación.

Dentro del Departamento Infantil ha sido prioritario desde hace muchos años la actualización en el conocimiento del Trastorno por Déficit de Atención con o sin Hiperactividad (TDAH) y su intervención clínica.

Ya en el año 1998 se tradujo uno de los programas de autoinstrucciones y habilidades cognitivas en aquel momento más punteros y completo: *Habilidades cognitivas y sociales en la infancia – Piensa en voz alta*, de Camp y Bash (1998) basado en las técnicas de Meinchenbaum sobre el lenguaje interno como mediador del comportamiento. También se tradujo y se aplicó en población española el *Programa de autocontrol de la tortuga para niños impulsivos e hiperactivos* de M. Schneider (Bonet, T., 1992).

Pero nuestra principal labor ha sido: la intervención clínica con el propio niño que tiene este trastorno, con sus padres y con el colegio. Fruto de este trabajo hemos desarrollado un protocolo que recoge la evaluación, el tratamiento y el seguimiento, en los tres ámbitos más relevantes:

EVALUACIÓN

LA FAMILIA	EL NIÑO	EL COLEGIO
• Historia de desarrollo del niño • Situación actual de la familia (social y emocional) • Pautas educativas y manejo de conductas problemáticas • Anteriores tratamientos • Cumplimiento o no de sintomatología	• Capacidades intelectuales • Atención • Problemas de aprendizaje • Percepción y vivencia del problema • Ajuste personal, social, familiar y escolar • Evaluación de conducta, nivel cognitivo y fisiológico	• Análisis descriptivo y funcional de: ✓ Hábitos de trabajo ✓ Comportamiento personal y social ✓ Rendimiento • Observaciones • Cumplimiento de sintomatología

TRATAMIENTO

LOS PADRES

- Fase psicoeducativa: Información sobre el trastorno y aceptación.

    Cuidarse a sí mismos, recursos personales, ayuda asociaciones, apoyo social, etc.

- Estrategias de manejo, pautas educativas: *Programa de los 8 pasos de Barkley* (Barkley, 1995).

- Otros: manejo de ansiedad, autocontrol, manejo de ideas irracionales...

EL NIÑO

- Farmacológico.
- Pedagógico.
- Psicológico.
    - ✓ Autoinstrucciones.
    - ✓ Autocontrol.
    - ✓ Solución de problemas.
    - ✓ Habilidades sociales.
    - ✓ Otros: manejo de la ansiedad, mejora de la autoestima, regulación emocional.

© ITES-Paraninfo

EL COLEGIO

- Fase psicoeducativa: información y formación sobre el trastorno.

- Recursos personales: manejo de la ansiedad, implicación personal, relación con el alumno, etc.

- Habilidades de manejo en el aula: técnicas de modificación de conducta (control estimular, manejo de las consecuencias...).

- Diseño de la intervención personalizado para el caso: objetivos específicos, metodología y técnicas, temporalización, evaluación.

- Entrenamiento específico en habilidades cognitivas para los aprendizajes escolares.

- Generalización y mantenimiento de lo aprendido a nivel individual.

A través de esta experiencia descubrimos que justo en el ámbito escolar es donde existen menos ayudas, orientaciones, publicaciones, programas, etc., y sin embargo es el lugar donde se manifiestan con mayor intensidad las dificultades del TDHA, donde el alumno necesita más autocontrol, seguimiento de normas, relacionarse con sus iguales, y sobre todo prestar la atención sostenida y mantenida necesaria de cara a los aprendizajes.

Existe numerosa bibliografía y documentación para padres, para los propios niños, programas específicos de tratamiento individual psicológico y pedagógico. Igualmente se ha avanzado mucho en el conocimiento neurológico y su tratamiento farmacológico. Hoy incluso existe una conciencia entre los pediatras y médicos de familia sobre la importancia de la detección precoz.

Sin embargo, entendemos que apenas existe la ayuda al profesor y maestro que día a día y hora tras hora está trabajando con el niño dentro del aula, y con el resto de la clase a la vez.

Está claro para todos los profesionales que trabajamos en este trastorno, que sólo interviniendo de manera interdisciplinar es como se pueden conseguir cambios consistentes. Se trata de una labor en equipo donde cada uno tiene su parcela de intervención, con unos objetivos específicos y no sólo una mera coordinación, que en sí misma sería ya muy importante.

> **ATENCIÓN**
>
> - Justo en el ámbito escolar es donde existen menos ayudas, orientaciones, publicaciones y programas.
>
> - Justo es el lugar donde se manifiestan con mayor intensidad las dificultades del trastorno.
>
> - En este libro vas a encontrar muchas ideas y trucos para ayudar al niño.

Este libro pretende ser una pequeña aportación en este sentido, de lo que entendemos necesario. No es un libro para ser leído de principio a fin con el objetivo de mejorar o ampliar nuestro conocimiento sobre el trastorno, al contrario, se da por supuesto que el lector ya tiene un conocimiento previo y para ello hay libros más adecuados.

Es un manual dirigido a los profesores para poder intervenir en un TDHA desde su manejo personal, dentro del aula. Es un trabajo de recopilación sobre técnicas ya conocidas, (con el agradecimiento que merece toda fuente de inspiración), donde incluimos también nuestras propias ideas, aportaciones, conocimientos y sobre todo experiencias.

Esperamos habernos aproximado, al menos, al objetivo y ser por tanto «de utilidad».

RECUERDA

Muchas de las técnicas descritas son de fácil aplicación por los padres en casa y con los hermanos: en las comidas, a la hora de acostarse, en su autonomía, autocuidado y aseo personal, obedeciendo, de compras, con las visitas, etc.

Está estructurado desde las principales manifestaciones del TDAH dando estrategias concretas, para la mejora de cada una de ellas. Este libro se puede abrir y cerrar mil veces, es un manual que ayuda al diseño de intervención, a la evaluación, y seguir proponiéndose nuevas y diferentes metas:

© ITES-Paraninfo

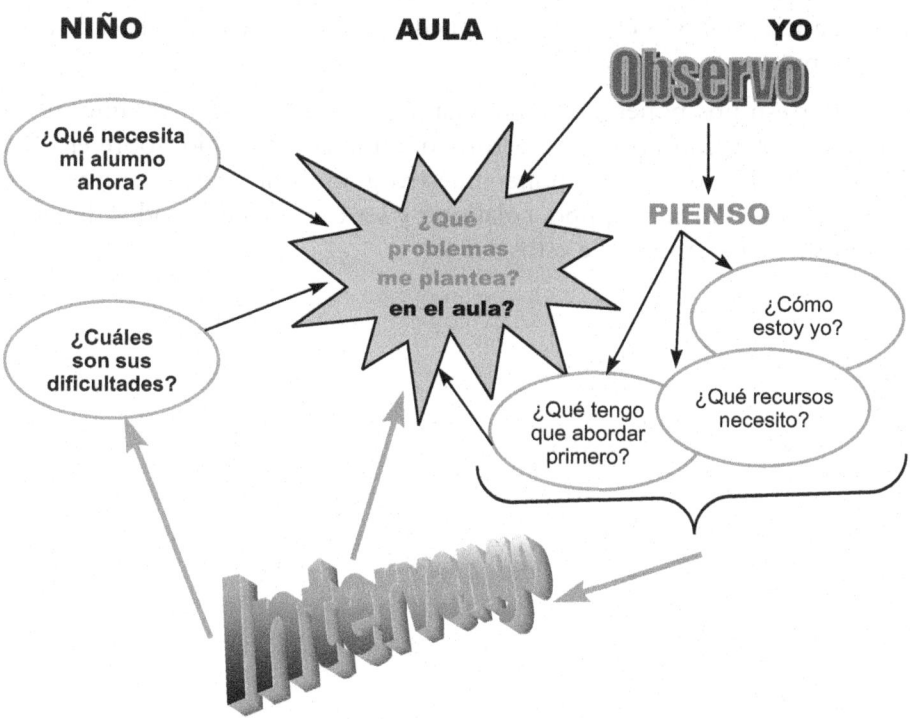

Somos conscientes de las dificultades que presenta un niño de estas características en la familia y en el aula, ya que son estos los lugares donde ocurren sus «pérdidas de control», produciendo en el tiempo una situación de desgaste que nada tiene que ver con la falta de implicación.

Pero no es menos cierto, que son estos los lugares más adecuados para trabajar, puesto que como dice Barkley, son en el «Punto de Rendimiento», allí donde ocurre es donde hay que actuar para ayudarles.

Somos conscientes de la «exigencia» constante a maestros para la intervención y de los pocos recursos que se ponen a su alcance. Para ser un problema tan frecuente, es paradójico, lo poco atendido y conocido que es, los estereotipos que de estos niños se tienen, la poca formación, la ausencia de ayudas económicas, la falta de reconocimiento de la necesidad educativa especial, las escasas adaptaciones curriculares, la sobrecarga de trabajo en los equipos multidisciplinares, falta de profesionales cualificados específicamente en los centros educativos, y un sinfín de etcéteras.

Pero también SOMOS conscientes de que SOMOS nosotros los que podemos ayudarles, SOMOS los que hemos optado de alguna manera, por la infancia, SOMOS el sujeto que puede cambiar la historia de cada uno de estos niños.

Por eso nos ponemos en marcha, por eso estamos en camino, por eso nuestra intención no es un doctorado, también necesario, sobre el TDAH, no es dar lecciones, sino poner nuestro granito de arena a través de este trabajo, para formar equipo, colaborar y ser capaces entre todos de mejorar el presente y el futuro de estos niños.

Capítulo

1

¿Qué es el déficit de atención?

1.1. ¿QUÉ ES EL DÉFICIT DE ATENCIÓN CON O SIN HIPERACTIVIDAD?

> Es una alteración del desarrollo de la atención, la impulsividad y la conducta gobernada por las reglas (obediencia, autocontrol y resolución de problemas), que se inicia en los primeros años del desarrollo; es significativamente crónica y permanente en su naturaleza y no se puede atribuir al retraso mental, sordera, ceguera o algún déficit neurológico mayor o a otras alteraciones emocionales más severas como por ejemplo la psicosis o el autismo (Barkley, 1982).

El comportamiento de estos niños se caracteriza por una disminución persistente en la capacidad atencional, un incremento notable de la actividad y la impulsividad, cuya frecuencia y severidad es mayor de lo típicamente observado en los individuos con un nivel comparable del desarrollo. Estos comportamientos aparecen en múltiples situaciones y se mantienen a lo largo de la vida, aunque en la adolescencia y la edad adulta algunas manifestaciones tienden a disminuir notablemente, como el exceso de movimiento y la impulsividad, especialmente si la intervención ha sido precoz, los déficits atencionales persisten.

1.1.1. EVOLUCIÓN CRONOLÓGICA

Bebés

- Temperamento difícil.
- Problemas en su crianza: dificultades en los hábitos de alimentación y sueño.
- Problemas de adaptación a las situaciones nuevas.
- Excesivamente activos.
- Reacciones desproporcionadas a los estímulos ambientales.
- Pobre coordinación motriz.
- Dificultades en el desarrollo del lenguaje.
- Propenso a accidentes.

© ITES-Paraninfo

Educación infantil

- Muy activos e inquietos.
- Dificultades en adquisición de hábitos.
- Desobedientes.
- Propensos a accidentes.
- Juegos inmaduros.
- No cooperación en actividades de grupo.
- Interacción negativa madre-hijo.

Etapa escolar

- Problemas de atención.
- Dificultades en el rendimiento académico.
- Incapacidad para responder a las exigencias que plantea el aprendizaje.
- Dificultad en el seguimiento de normas.
- Dificultad en aprender de su experiencia.
- No evaluación de las consecuencias de sus acciones.
- Pobre integración social, agresividad.
- Baja autoestima, frustración.
- Menos activos e inquietos.

© ITES-Paraninfo

Adolescencia

- Dificultades escolares.
- Dificultades de autocontrol, escasa inhibición comportamental.
- Problemas de comportamiento.
- Pobre funcionamiento adaptativo, social y emocional.
- Baja autoestima, indefensión, sintomatología depresiva.

Edad adulta

- Persisten las dificultades de manera más atenuada, principalmente concentración e impulsividad.
- Pobre organización y control de sus tareas y de su tiempo.
- Capacidad reducida para desarrollar un trabajo independiente y sin supervisión.
- Progresión más lenta en el estatus educativo y ocupacional.

ATENCIÓN

El TDAH es un trastorno que se manifiesta en la conducta del niño cuyo origen es una afectación neurológica. Se trata de un mal funcionamiento de una parte del cerebro, la del lóbulo frontal, que regula las funciones ejecutivas.

¿Qué son o para qué nos sirven estas funciones? De modo general podríamos decir que impiden al niño ser capaz de guiar su propio comportamiento hacia una meta deseada, «puede querer llegar pero hay algo que le impide hacerlo», ese *algo* es la incapacidad de autocontrol, son incapaces de controlar sus impulsos, de hecho, a este trastorno se le nombra también como **«trastorno ejecutivo de autocontrol»**.

Utilizar el autocontrol para dirigir la conducta hacia el futuro, es algo específicamente humano, ningún animal lo tiene; pero no depende de la voluntad estrictamente. A veces vemos a estos niños como si ellos no quisieran autocontrolarse, no pusieran nada de su parte, es erróneo, no debemos perder de vista que hay unos factores neurológicos que junto con el aprendizaje y la educación, son los responsables del autocontrol. Si estos sistemas están dañados, el niño por mucho que ponga de su parte, seguirá teniendo un autocontrol muy frágil.

© ITES-Paraninfo

Es importante concretar aún más de qué se encargan estas funciones ejecutivas, qué ocurriría si nos fallaran, porque de este modo estaremos más cerca de entender y poder ayudar a un niño con TDAH. Para ello las describiremos como hace el Dr. Barkley.

Son cuatro las funciones EJECUTIVAS:

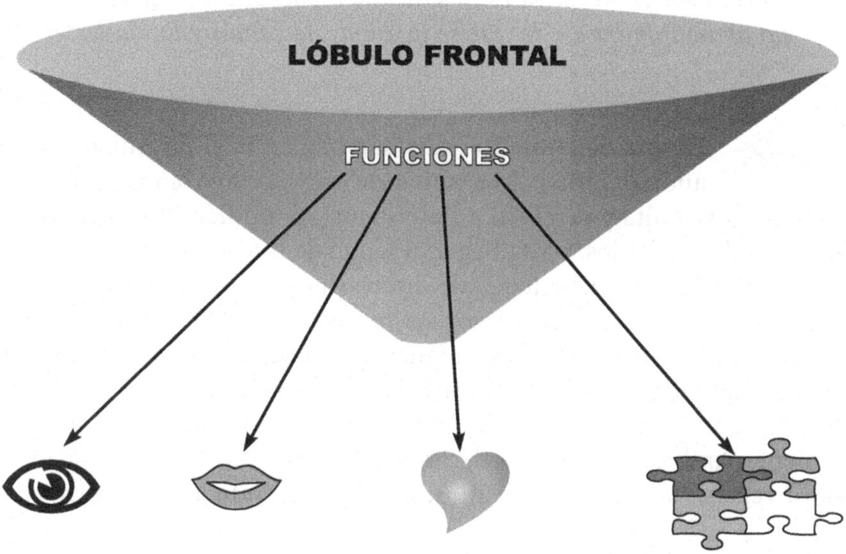

LÓBULO FRONTAL

FUNCIONES

El ojo de la mente	**La voz de la mente**	**El corazón de la mente**	**El terreno de juego de la mente**
Guía	Lenguaje interno	Control de la emoción	Capacidad de manejar la información
Previsión	Regulación y dirección	Tiempo de espera	Capacidad de análisis y síntesis
Planificación		Ajuste de la reacción	Proceso de planificación y/o resolución de problemas

El ojo de la mente: es la encargada de revivir el pasado para guiarse en el futuro, marcando el cómo actuar en el presente. Es lo que sirve para mirar hacia delante con previsión, lo que nos ayuda a planificar el futuro en base a la experiencia. Comienza a desarrollarse a los tres meses y llega a su máximo desarrollo a los diez años. Los niños TDAH están atascados en el presente, para actuar no piensan ni en el pasado ni en el futuro. Igual que el ciego no ve, el TDAH no capta las consecuencias de su propia conducta (no es que se evada de cumplir sus responsabilidades), por eso muchas veces asumen riesgos innecesarios, parecen descuidados, no tienen miedo al futuro, hay una falta total de previsión ante él, como tampoco aprenden de la experiencia, tropiezan una y mil veces en la misma piedra.

Es como si en la playa estuvieran de espaldas a las olas, no las prevén, no actúan en base a lo que se avecina, no saltan y la ola les golpea.

La voz de la mente: se desarrolla entre el nacimiento y los tres años de edad. Los niños de tres a cinco años se hablan a sí mismos en voz alta y de cinco a siete susurran, pudiéndose apreciar el movimiento de sus labios, hasta llegar al lenguaje interno que guía su conducta (el pensamiento). Este lenguaje interno nos regula y dirige hacia lo que tenemos que hacer, sin embargo, los niños con TDAH suelen hablar todo en voz alta, por eso suelen hablar más que otros niños, ya que su habla es menos internalizada o privada, careciendo del lenguaje interno, o no cumpliendo su cometido. Estos niños parecen más inmaduros porque la voz de su mente también está menos desarrollada, teniendo menos capacidad para seguir reglas, hablarse a sí mismos, regular la conducta por normas, etc.

El corazón de la mente: es lo que controla las emociones, no las causa pero las modifica en función de la situación. Decimos a los niños que cuando estén enfadados esperen y cuenten hasta diez para reaccionar, (se trata de retrasar la respuesta), en este tiempo de espera, pueden serenarse, volver a evaluar lo que ha pasado de manera más racional y objetiva, y ajustar su reacción, evitando actuar impulsivamente. Parece que los niños TDAH son mucho más emotivos, no saben inhibir sus sentimientos, no saben acomodarlos a las particularidades de la situación, respondiendo muy rápidamente, no saben separar los hechos de los sentimientos personales. No hacen esa regulación de sus emociones y suelen aparecer muy amplificadas o exageradas.

Controla también la motivación interna: los niños con TDAH tienen muchos problemas con la persistencia, que es la corta duración de su atención. No son capaces de crear una motivación privada que les mantenga en la actividad, dependen más que nadie de la motivación externa, para lo que hay que buscar fuentes artificiales, tales como los premios.

© ITES-Paraninfo

**El terreno de juego de la mente:** se refiere a la capacidad de manejar la información para elegir las distintas maneras de hacer las cosas. Esta habilidad comienza a desarrollarse en el primer año de vida y continúa en los siguientes veinte a treinta años. Hace referencia a la capacidad de análisis y síntesis, a las dificultades en la memoria de trabajo. No realizan procesos de planificación o resolución de problemas. Con esta función descomponemos los mensajes y la información en partes más simples, de ahí que estos niños no utilizan los detalles como diferenciadores de situaciones, generan escasas soluciones a los problemas cotidianos, exploran mucho menos los objetos, analizan menos lo que hacen; aunque en el medio exista información que indica otro comportamiento como más procedente el niño con TDAH, al no jugar con esa información, realiza invariablemente la misma conducta. Si la información no es muy visible y tangencial para ellos prácticamente no existe por sí sola dentro de su cabeza.

Todo esto nos tiene que ayudar a cambiar la forma que tenemos de entender la voluntad, entendiendo que se desarrolla mucho más tardíamente y el resultado final es probablemente de menor eficacia que en personas que no padecen este trastorno.

RECUERDA

- Se inicia en edad muy temprana.
- Las dificultades se presentan en distintos contextos.
- La intensidad y frecuencia de los síntomas repercuten en las distintas áreas de su desarrollo.
- Necesidad de un diagnóstico y tratamiento precoz.

Capítulo

2

¿Cuáles son las principales manifestaciones?

2.1. ¿CUÁLES SON LAS PRINCIPALES MANIFESTACIONES DE ESTE TRASTORNO?

Las dificultades persistentes en la atención, las dificultades en el control de impulsos y el exceso de actividad son características intrínsecas al trastorno que dificultan el funcionamiento del niño en diferentes ambientes y conllevan repercusiones muy variadas en su vida cotidiana.

Aunque no serían las únicas, hoy se considera que las principales manifestaciones del trastorno hiperactivo son:

1. **Hiperactividad:** es un exceso de actividad en relación con la edad y las exigencias del entorno.

2. **Déficit de atención:** problemas para centrar la atención en los estímulos durante un tiempo suficiente.

3. **Impulsividad:** dificultad para el control de los impulsos.

4. **Dificultades para el autocontrol:** problemas para ejercer control sobre ellos mismos y su actividad.

5. **Estilo cognitivo característico:** son sujetos asistemáticos, que no planifican sus actividades, poco estructurados, etc.

6. **Dificultades para obtener recompensas diferidas:** necesitan satisfacciones inmediatas por lo que no sirven los premios o castigos diferidos en el tiempo.

7. **Inhabilidad motora:** con frecuencia son considerados como niños poco hábiles, pese a su constante actividad presentan dificultades en la coordinación de movimientos, lo que lleva a que tropiecen con frecuencia o se les caigan las cosas.

8. **Relaciones sociales problemáticas:** las dificultades previamente expuestas repercuten y dificultan las relaciones sociales del niño. Su comportamiento agitado y poco reflexivo les lleva a comportarse en determinados momentos de forma agresiva y ser rechazados por sus compañeros; además estos niños no aprenden por ensayo-error.

9. **Dificultades en el aprendizaje:** son frecuentes los retrasos escolares, que afectan a todas las áreas.

© ITES-Paraninfo

Se pueden diferenciar tres subtipos en función de los síntomas predominantes:

Tipo con predominio de déficit de atención:	**Tipo con predominio hiperactivo-impulsivo:**	**Tipo combinado:**
Predominan los síntomas de inatención y los síntomas de impulsividad-hiperactividad son leves o no se presentan.	Predominan los síntomas múltiples de hiperactividad-impulsividad con pocos, o, quizás, ningún síntoma de inatención.	Se presentan los síntomas de inatención, impulsividad e hiperactividad.

A reflexionar:

Muchos niños del tipo inatento pasan desapercibidos porque son menos molestos y por tanto no se diagnostican hasta muy tarde.

Muchos niños con problemas de conducta son etiquetados de hiperactivos.

En este trastorno lo que observan los demás es un *estilo de comportamiento inadecuado* en el que la intensidad y el tipo de manifestaciones varían de un sujeto a otro e incluso, y en un mismo sujeto, en función de situaciones como la motivación por la tarea, la facilidad o dificultad de la actividad, la monotonía o diversidad, la salud física del sujeto, el cansancio, la estructuración del ambiente, etc.

Estos niños manifiestan más problemas en situaciones o actividades que les resultan monótonas o aburridas, ante situaciones que demandan un grado notable de organización y de esfuerzo mental continuado y cuando perciben excesivas exigencias por parte del medio. El cansancio también influye, por lo que sería más adecuado realizar por las mañanas las tareas repetitivas, difíciles o que exigen más tiempo de concentración, y dedicar las tardes a la realización de actividades físicas, nuevas y atractivas.

TEN EN CUENTA

- Es un estilo de comportamiento inadecuado.
- La intensidad y el tipo de manifestaciones varían de un niño a otro.
- Incluso estas manifestaciones pueden ser diferentes en un mismo niño dependiendo de factores: situacionales, emocionales, motivacionales, etc.

© ITES-Paraninfo

IMPORTANTE

«No todos los hiperactivos se mueven mucho ni todos los que se mueven mucho son hiperactivos»

LA DIFERENCIA ESTÁ en que los niños hiperactivos justo cuando más necesitan estarse quietos es cuando más se mueven.

«No todos los niños que se distraen mucho son hiperactivos, ni todos los hiperactivos tienen dificultades de atención en todo momento»

LA DIFERENCIA ESTÁ en que cuando están realizando una tarea que requiere pararse a pensar, es cuando mayores dificultades de atención presentan y cuando todos los estímulos que le rodean le invaden.

Pero estos niños son capaces de estar atentos a otras actividades que no requieran tanto esfuerzo mental, como ver una película, jugar a un videojuego...

«No todos los niños que tienen dificultad de autocontrol y que actúan impulsivamente son hiperactivos, pero sí todos los hiperactivos actúan impulsivamente»

LAS DIFERENCIAS SON:

1. Los niños hiperactivos cuando llegan a la edad en la que ya se tiene un determinado autocontrol, ellos no lo han adquirido.

2. No adecuan su comportamiento a las situaciones: hablan de igual manera al padre que a un policía, se comportan igual en su casa que en la consulta del médico...

3. A la hora de resolver un problema ocurren diferentes dificultades:

    - Sólo generan una alternativa: hacen lo primero que se les ocurre.
    - Normalmente es inadecuada.
    - Si se les hace reflexionar sobre otras alternativas son siempre variaciones sobre la primera que se les ocurrió.
    - No aprenden de sus errores.

© ITES-Paraninfo

La sintomatología disminuye cuando tienen que realizar actividades supervisadas por otras personas, o los agentes socializadores (padres, profesores, monitores, compañeros...), le ayudan guiándole en su comportamiento.

Hoy por hoy son probados los efectos positivos de la medicación estimulante, que ayuda a los niños a inhibir y esperar antes de responder. Estos medicamentos favorecen el mantenimiento de la atención, la persistencia, el esfuerzo en el trabajo, también reduce la intranquilidad y la actividad motora gruesa. Cuando los niños toman la medicación son mucho menos impulsivos, están menos alterados, hacen menos ruido y tienen menos problemas de agresividad y desobediencia.

Sin embargo parecen no ser suficientes para conseguir una mejora en los aprendizajes escolares, según Ana Miranda y Cols. (2006), para que estos niños alcancen un adecuado aprovechamiento escolar en áreas como matemáticas, lenguaje, comprensión lectora, es necesario incluirse en la intervención en el aula, un entrenamiento específico en técnicas cognitivas de «monitoreo» (autoinstrucciones, modelado cognitivo, proceso de resolución de problemas, autocontrol, etc.).

Los fármacos más habituales son: Rubifen, Concerta y, recientemente, Stratega. En la medida que avanza la investigación se irán ampliando y especificando los tratamientos farmacológicos. Por supuesto la administración de ellos ha de proceder de una seria evaluación, del diagnóstico del caso, de un estudio de sus características, que ajuste la dosis a las particularidades de cada niño, necesitándose un seguimiento médico y una evaluación cuidadosa de los efectos secundarios.

Tu papel es muy importante y va a facilitar el diseño del tratamiento médico y psicopedagógico adecuado a cada niño.

Los dos, médico y psicólogo necesitarán de tu información sobre el comportamiento del niño en el aula, y sin duda te facilitarán esa tarea remitiéndote cuestionarios específicos para el TDAH, como por ejemplo la escala de Conners. Con esta información junto a otros procedimientos de evaluación más complejos, se podrá realizar el diagnóstico, ajustar la dosis de la medicación, valorar el impacto del tratamiento psicológico.

Colaborar y trabajar en equipo es de suma importancia

En ocasiones comprobamos como algunos profesores, por falta de información principalmente, no tienen claro el papel de los fármacos, son reacios, críticos ante ellos y mandan mensajes negativos sobre su uso a los padres, o incluso en ocasiones se niegan a responsabilizarse de suministrarle la pastilla en los periodos de clase.

Hay numerosos estudios que avalan la utilidad de la medicación en el tratamiento del TDAH, todos los miedos y temores respecto a los riesgos de la medicación deben reducirse por la larga experiencia que se tiene sobre su eficacia y seguridad, y sobre todo por el beneficio y ajuste que el niño va a obtener a todos los niveles, personal, social, escolar, emocional. Su efecto principal es la reducción de los tres síntomas básicos del TDAH: actividad motora, impulsividad y distraibilidad, de forma que facilite cualquier intervención psicopedagógica.

> Aunque Rubifen y Concerta son los fármacos más utilizados, existen otros de segunda y tercera elección para el TDAH.
>
> No dudes en pedir toda la información que necesites para poder colaborar activa y positivamente en el tratamiento de tu alumno.
>
> Seguro que el orientador, el psicólogo, el médico te la facilitarán.

A reflexionar:

> *«Al igual que no se le niegan las gafas a un niño miope, igualmente no podemos negarle la acomodación a un niño con TDAH»*
>
> Por supuesto, es imprescindible que nosotros como padres o profesores tengamos herramientas para ayudar al niño y a su vez, que el niño vaya adquiriendo habilidades personales, PERO: el organismo tiene que estar preparado para este aprendizaje y eso, en muchos casos, nos lo da la medicación.
>
> **Es como si estuviéramos sembrando buenas semillas, pero el terreno está poco preparado para que germinen.**
>
> *«En terreno baldío, ninguna semilla es buena»*

© ITES-Paraninfo

Capítulo

3

¿Cómo podemos identificar y modificar?

3.1. ¿CÓMO PODEMOS IDENTIFICAR Y MODIFICAR ESTAS MANIFESTACIONES CARACTERÍSTICAS DEL TRASTORNO POR DÉFICIT DE ATENCIÓN CON O SIN HIPERACTIVIDAD?

Muchas de estas manifestaciones son fácilmente identificables porque son molestas y crean un desajuste escolar, personal, social y familiar en el niño y en su ambiente.

Aunque sean fáciles de identificar, no empieces a modificar ya:

COMUNÍCALO
A tus compañeros, a los padres, al psicólogo, al servicio de orientación

¡Tu información es muy valiosa para todos!

Es una labor de equipo, contactando con otros profesionales, diseñando un plan de acción, adquiriendo cada uno la tarea que le corresponda.

El objetivo de este libro es dar estrategias concretas y sencillas para comprender mejor el trastorno, identificar mejor las manifestaciones e intervenir para lograr un funcionamiento adecuado.

Está orientado hacia el trabajo dentro del aula pero sin embargo lo queremos dirigir a todas las personas que tratan con estos niños, ya que es muy fácil de trasladar a otros ámbitos.

Para lograr este objetivo, los capítulos siguientes, que tratan de las principales manifestaciones, están estructurados todos de la misma forma:

- INTRODUCCIÓN: breve comentario sobre el término a tratar.
- QUÉ ES: la propia dificultad en el niño hiperactivo.
- CÓMO SE MANIFIESTA: a través de qué lo podemos observar.
- QUÉ CONSECUENCIAS TIENE: cómo repercuten estas dificultades en la vida del niño.
- QUÉ PODEMOS CAMBIAR: la descripción de las técnicas y recursos a utilizar, apoyada en casos prácticos.

© ITES-Paraninfo

Capítulo

4

Déficit de atención

4.1. DÉFICIT DE ATENCIÓN

La atención sirve para seleccionar, voluntaria e involuntariamente, los datos a los que atenderá el cerebro, ignorando los estímulos irrelevantes. Para analizar los estímulos es necesario un tiempo suficiente para extraer de ellos los datos que nos permitan actuar de una forma eficaz. Es decir, para que la selección de información sirva de algo debemos ser capaces de focalizar la atención hacia los estímulos principales (selección voluntaria) durante el tiempo suficiente (de forma sostenida) como para poder analizarlos, extraer conclusiones, decidir cómo actuar, tener en consideración datos secundarios, acudir a nuestra memoria en busca de datos similares, etc. La atención es necesaria para ser conscientes de nuestras propias sensaciones, pensamientos, afectos... también es necesaria para memorizar y, en consecuencia, para aprender.

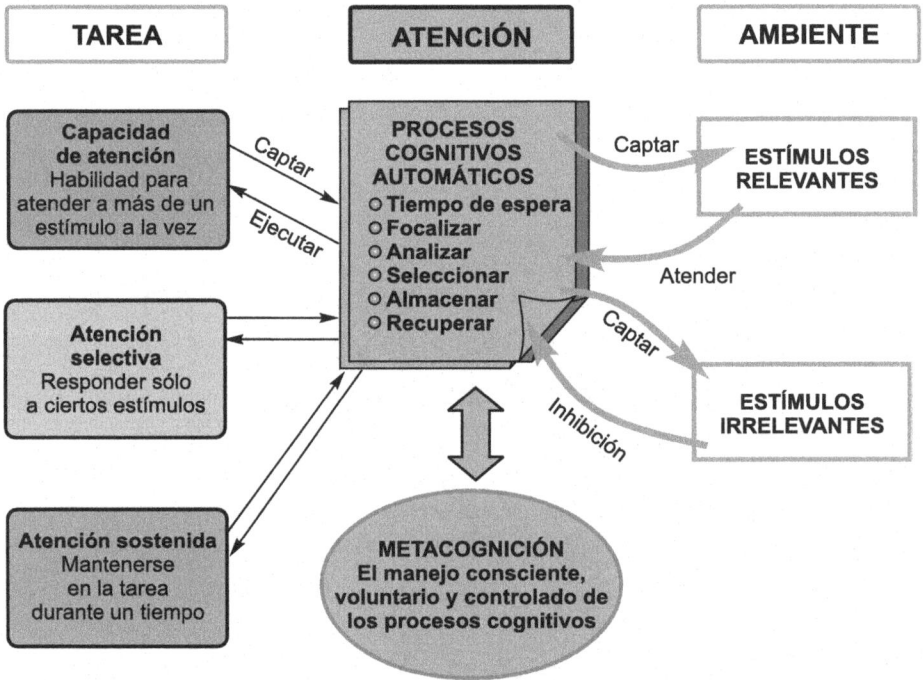

Las tareas escolares y el funcionamiento educativo de la clase implican una actividad sostenida de la atención. Los problemas atencionales de estos niños pueden constituir una *seria dificultad* para su progreso escolar, ya que la exploración que hacen de su entorno, en cualquier área de su vida, es breve, dispersa y con frecuencia caótica, sin buscar un objetivo o idea.

En lo anteriormente mencionado influyen aspectos tan fluctuantes como la situación del sujeto (cansancio, salud, experiencia previa, agilidad, etc.) o del entorno en el que tenga que prestar atención (rutinario o novedoso, grado de exigencia, número de estímulos simultáneos a los que atender, etc.).

4.1.1. ¿QUÉ ES?

El déficit de atención es una dificultad persistente para seleccionar la información relevante (obviando los estímulos irrelevantes), ser capaces de mantener la atención en una misma actividad el tiempo necesario para realizarla y poder reorientar la atención hacia otro estímulo.

4.1.2. ¿CÓMO SE MANIFIESTA?

✓ Son niños desorganizados, distraídos, que no completan sus tareas, que presentan los trabajos sucios, poco cuidados, con frecuencia rotos o deteriorados y con tachones, se olvidan de hacer las tareas, incluso de entregar las realizadas.

✓ Tienen dificultades para atender en clase, se distraen con frecuencia, parece que «están en las nubes».

✓ Pierden su concentración en tareas rutinarias y en aquellas que no suscitan su interés, pero son capaces de atender a tareas nuevas, en condiciones de baja exigencia o cuando la ejecución depende de estrategias atencionales sencillas.

Si están muy motivados o muy entrenados, son capaces de hacer las tareas aunque sean difíciles

4.1.3. ¿QUÉ CONSECUNCIAS TIENE?

- ✓ Dificultades para diferenciar lo principal de lo secundario, por ejemplo, cuando el profesor está explicando una tarea no lo suelen valorar como el estímulo más importante y se pueden dedicar a mirar lo que hace su compañero.
- ✓ Dificultades para atender estímulos simultáneamente; no tienen facilidad para realizar dos actividades simultáneamente, como mirar un gráfico y escuchar simultáneamente al profesor.
- ✓ En pruebas que exigen una buena disposición para responder a instrucciones que se dan secuencialmente, como ejercicios de ortografía que consistan en escribir listas de palabras con cierta rapidez, suelen producir bastantes respuestas incompletas.
- ✓ Problemas de comprensión del material, para memorizar y aprender.
- ✓ Dificultades para terminar las tareas en el tiempo adecuado, o muy rápido o muy lento, y con un procesamiento superficial.
- ✓ Problemas para pasar de un estímulo a otro sin haber acabado su análisis.
- ✓ Dificultades para comprender y atender sus propios estímulos, así como para organizar sus pensamientos.
- ✓ Dificultades para percibir los detalles:

«perciben el bosque, pero no ven los árboles»

 — DA EL GRAN SALTO: ¡PONTE EN SU LUGAR!

¿Cómo crees que serías tú capaz de atender a una conversación si te están hablando diez personas a la vez?

¿Te gustaría que encima te lo reprocharan y te trataran de maleducado por ello?

4.1.4. ¿QUÉ PODEMOS CAMBIAR PARA MEJORAR LA ATENCIÓN?

Controlar los estímulos

✓ Sentarle cerca del profesor, mencionar su nombre, darle pequeños toques en la espalda para evitar que se distraiga, pedirle que nos repita lo que hay que hacer, etc., o cualquier **señal que acordemos con el niño**, para favorecer que su atención esté focalizada.

✓ **Disminuir los estímulos irrelevantes** presentes en la clase, colocándolos fuera de su campo visual (a su espalda), también se puede crear un rincón sin estimulación o permitir que el niño utilice unos cascos para no distraerse. Esto es especialmente importante cuando tiene que realizar los trabajos de forma individual.

✓ Poner la información de manera explícita, utilización de todo lo que pueda servir como **pistas, recordatorios, señales**: post-it, fichas, listas, dibujos, los propios gestos. Estos niños no utilizan la «información en sus mentes».

✓ **Marcadores de tiempo,** no tienen conciencia del tiempo por lo que no sirve darles más tiempo porque lo perderán igualmente. El tiempo hay que convertirlo en algo real con relojes, temporalizadores, cronómetros, relojes de arena...

Supervisarle y ayudarle a que se supervise

✓ Establecer **rutinas**, estructurando el funcionamiento de las clases.

✓ Dar **5 minutos** a toda la clase **para organizar el material** como parte de la rutina diaria; para que revise si tiene el material necesario, lo ordene y elimine de la mesa lo que no vaya a necesitar.

✓ Se **avisan** con tiempo **los cambios** que se efectúen en relación con las rutinas.

✓ **Destacar los aspectos más importantes** del problema para facilitar su comprensión y la resolución de tareas, utilizando marcadores, carpetas, colores... Si es necesario, **mostrarle paso a paso** lo que tiene que hacer.

✓ **Compañeros de supervisión**: que les dan *feedback* de inmediato y disminuye la dedicación del profesor.

✓ **Ayuda al compañero** con dificultades y permitirle que participe en la organización de la clase con alguna responsabilidad.

Mejorar la forma de dar las órdenes

✓ Darle las instrucciones de forma **breve, clara y concisa**. Si es necesario darle las instrucciones de una en una por escrito y **hacer que nos repita la propia instrucción.**

✓ Favorecer el uso de las **autoinstrucciones** para focalizar su atención en la tarea y en los pasos a seguir, y si es necesario apoyarse en dibujos como recordatorio.

Dividir las tareas

✓ Dividir las actividades **en pequeños pasos** para que puedan hacer aprendizajes breves que su capacidad atencional pueda asumir. Las tareas cortas permiten que el niño no se canse, no entre en la monotonía y no se distraiga.

✓ **Planificando sus acciones**: tener organizado su trabajo y sus descansos. Para posteriormente enseñar al niño a planificarse sus tareas y a usar una agenda como medio de apoyo.

✓ **Desglosarles el futuro,** advertirles de lo que llega a través de la realización de tareas presentes. No tanto hablarles de la meta sino desglosarla en pasos pequeños centrándoles en el aquí y ahora, y guiarles en su actuación.

Aumentar su motivación

✓ Proporcionándole actividades que no le resulten monótonas ni aburridas dentro de un funcionamiento diario de clase estructurado. Presentado las tareas con un **material más atractivo.**

✓ No tienen automotivación, por eso es importante recompensarles en el entorno inmediato; **ganar el doble:** el terminar una tarea ya es una ganancia, más el premio como consecuencia de la conducta adecuada.

✓ **Reforzar y premiar las conductas adecuadas** como estar atento.

✓ **Darles más** *feedback,* darles información sobre su acción de manera frecuente («muy bien, lo estás intentando», «estás siguiendo tu plan... muy bien, sigue así», «lo estás haciendo bien o mal...»).

✓ **Comenzar por los premios,** no por los castigos. De por sí son unos niños que están más castigados que otros. El castigo sólo funciona si es muy inmediato.

Déficit de atención **23**

¡A LO PRÁCTICO!

Pablo tiene ocho años, está en 3.º de Primaria y todavía pierde y olvida multitud de cosas: los deberes, el material necesario para hacer un trabajo manual, la fecha del examen, entregar una nota a los padres para la autorización a una excursión, tomar su medicina, el abrigo... a veces se pierde hasta él... sus padres y profesores han puesto a prueba su paciencia y su capacidad de aguante, han visto la necesidad de coordinarse mucho más estrechamente entre ellos, y buscar otros modos de guiar y supervisar al niño, no dejarle que sea él quien se controle porque ya han comprobado que es imposible; han encontrado otros muchos métodos eficaces: tener material doble en casa y en el colegio, contar con la ayuda del hermano mayor que le recuerda antes de salir del colegio: el abrigo... la cartera... y de una compañera y vecinita que le anota en la agenda las tareas.

Retando su capacidad de imaginación y recursos han pensado empezar a intentar que sea el propio niño quien aprenda a no olvidar las cosas, sin la necesidad del control externo de un adulto (profesora, padres, hermano, vecina...) han encontrado las INSTRUCCIONES MEDIANTE DIBUJOS, han leído que los niños hiperactivos tienen más facilidad para atender y recordar los estímulos visuales que auditivos, por eso han pensado en entrenarle a seguir una rutina a través de dibujos.

Para ello:

1. Han elegido una conducta muy atractiva para Pablo y en la que está altamente motivado: el deporte... es el que más corre de la clase, el más rápido y siempre gana en las olimpiadas escolares en salto de altura... pero casi ningún día lleva el equipo completo de gimnasia a clase y si lo lleva luego no sabe donde deja el calcetín, una zapatilla...

© ITES-Paraninfo

2. Han realizado una etiqueta con los dibujos de todo lo que tiene que llevar dentro la bolsa de deportes, antes de salir de casa y después de terminar la clase, la han plastificado y se la han colgado del asa de la bolsa.

3. Una tarde, en casa, han jugado a meter y sacar de la bolsa siguiendo las instrucciones, y durante unos días los padres en casa y el profesor en clase le han obligado a seguir las instrucciones visuales, incluso a ir nombrando en voz alta cada cosa que iba viendo y metiendo.

4. Le han felicitado cada vez que lo hacía y se han alegrado con él de lo fácil, divertido y eficaz del truco.

5. Por último han tenido mucho cuidado en no quitarse de en medio rápidamente, continuar estando un poco pendiente de él, pero cada vez, poco a poco dándole menos instrucciones y estando menos presente físicamente, algunos días solo recordándole: «mira la etiqueta», otros diciéndole que mientras que la madre acababa de vestir al pequeño, él fuera haciéndolo pero que ella le quería oír decir en alto el dibujo y decir cuando lo metía «YA ESTÁ DENTRO»...

6. Fue algo sorprendente, por lo bien admitido por el niño, como un juego, y por su eficacia... estuvieron muy tentados de llenar la casa de carteles y dibujos recordatorios... más de los que ya tenían... pero se dieron cuenta de que si abusaban del mismo truco, éste dejaba de tener eficacia... así que fueron poco a poco utilizando esta técnica para distintas cosas, una detrás de otra.

Un día Pablo les sorprendió haciéndoles un cartel a los padres para que no se les olvidara darle su paga semanal.

Capítulo

5

Impulsividad

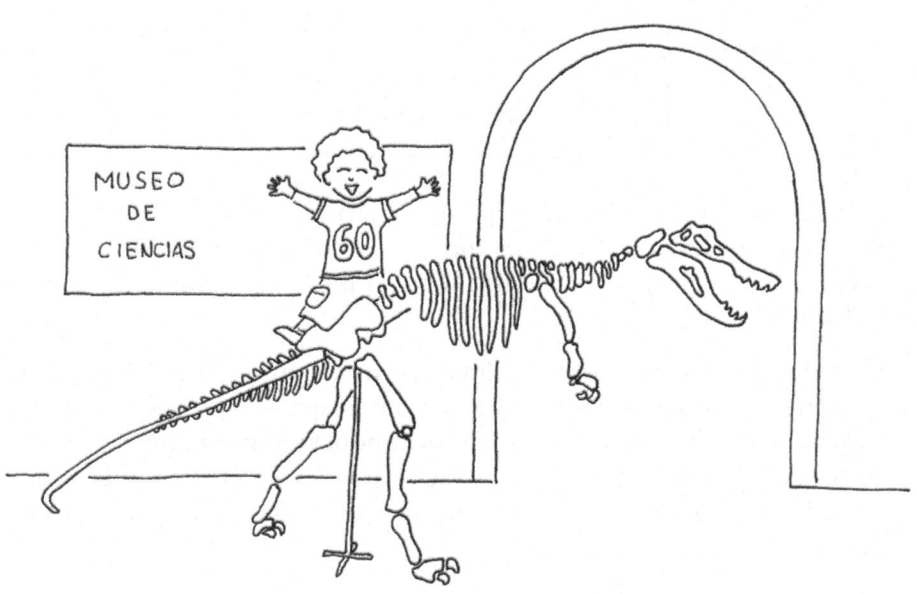

5.1. IMPULSIVIDAD

A los niños hiperactivos se les considera espontáneos, lanzados, y muchas veces maleducados, se dice de ellos que no piensan antes de actuar, *NO SABEN INHIBIR SU CONDUCTA*. Teniendo sus consecuencias más negativas en el área social y sobre todo educativa.

La impulsividad consiste en la dificultad en el proceso de inhibición para esperar (aguardar su turno en una fila, esperar a terminar oír la pregunta para responder, demorar una respuesta, dejar escapar comentarios inapropiados, etc.) impidiendo la aparición de alternativas adecuadas a la situación (en la solución de un problema, en la decisión de qué ropa me pongo, en salir de clase con todo lo mío, etc.).

Hay dos explicaciones:

- La impulsividad como causa del incumplimiento de la norma:

> POBRE INHIBICIÓN
> DE LA CONDUCTA

- La impulsividad como consecuencia de una debilitada habilidad del lenguaje para guiar, controlar o gobernar la conducta:

> POCO CONTROL DE LA CONDUCTA
> POR EL LENGUAJE

Algunos autores defienden que el problema de la pobre inhibición, impide la adquisición del lenguaje interno como mediador de la conducta, y otros por el contrario, que la dificultad en hablarse a sí mismos, explica su pobre inhibición.

Sabemos que los dos problemas están relacionados entre sí, como las dos caras de una misma moneda, los niños aprenden a hablarse a sí mismos como un medio de control de su conducta, y por tanto siendo menos impulsivos. Hablar consigo mismo les ayuda a inhibir sus impulsos iniciales, a la vez que les deja tiempo para pensar o reflexionar, y por tanto poder controlar la propia conducta.

© ITES-Paraninfo

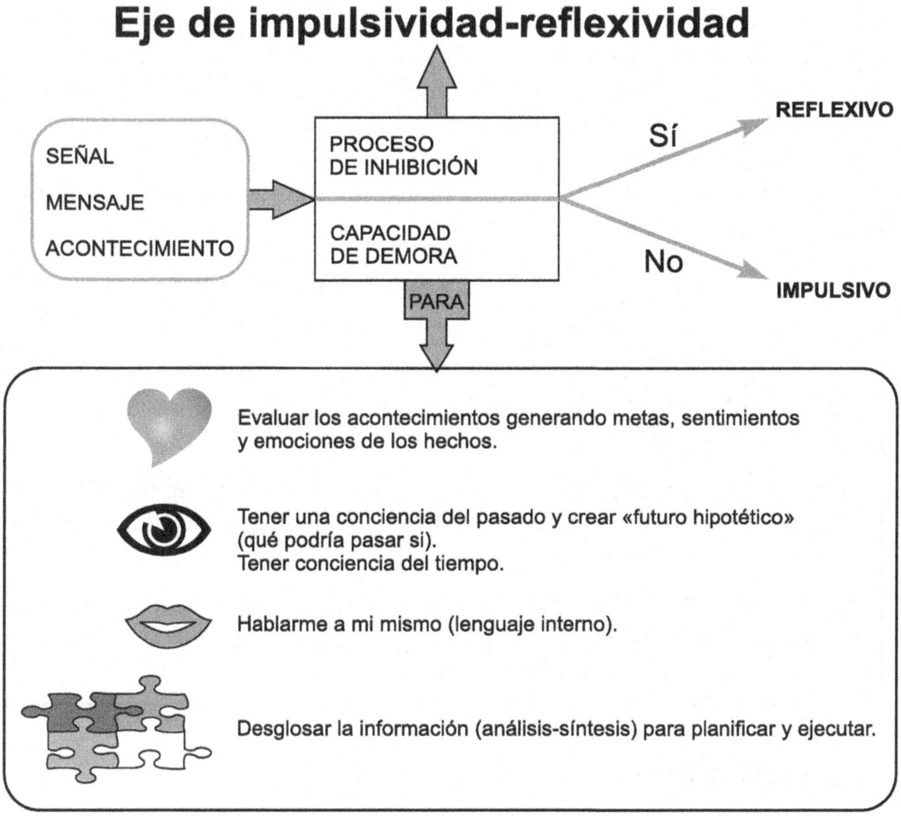

Eje de impulsividad-reflexividad

- SEÑAL
- MENSAJE
- ACONTECIMIENTO

→ PROCESO DE INHIBICIÓN / CAPACIDAD DE DEMORA

Sí → REFLEXIVO
No → IMPULSIVO

PARA:

- Evaluar los acontecimientos generando metas, sentimientos y emociones de los hechos.
- Tener una conciencia del pasado y crear «futuro hipotético» (qué podría pasar si). Tener conciencia del tiempo.
- Hablarme a mi mismo (lenguaje interno).
- Desglosar la información (análisis-síntesis) para planificar y ejecutar.

Dada la importancia del lenguaje como MEDIADOR DE LA CONDUCTA, como regulación interna, abordaremos algunas cuestiones importantes. (Meichenbaum, 1971).

En un desarrollo evolutivo del niño el tipo y función del habla va pasando por diferentes fases:

	Nivel I	Nivel II	Nivel III	Nivel IV	Nivel V
Tipo de habla	Encubierta	Dirigida al exterior	Dirigida al interior o autoguía	Interna silenciosa del pensamiento	Habla interna del pensamiento
Función	Autoestimulante	Descripciones de la actividad y comentarios a objetos	Preguntas a sí mismo y comentarios de autoguía	Murmullos y mover los labios: manifestaciones externas del habla encubierta	Ausencia de habla, privada, silencio, mediación del pensamiento

© ITES-Paraninfo

Entre los cinco y los siete años de edad se desarrollan totalmente estos procesos de pensamiento, característicos de los adultos humanos, donde el procesamiento cognitivo de la información media sobre la conducta, INHIBIENDO O REGULANDO el comportamiento a través de la actividad verbal encubierta.

Los niños con falta de control tienen alguna deficiencia en esta actividad de MEDIACIÓN VERBAL.

TEN EN CUENTA

Existen diferentes formas en las que la actividad de mediación verbal puede ser deficiente:

DEFICIENCIA MEDIACIONAL: Es incapaz de desarrollar habilidades de mediación.

DEFICIENCIA DE PRODUCCIÓN: Tienen ciertas habilidades mediacionales en su repertorio, pero fracasan al utilizarlas en situaciones apropiadas.

DEFICIENCIA DE CONTROL: Son niños que sí producen una actividad mediacional pero que fracasan en conseguir el control de su comportamiento no verbal.

5.1.1. ¿QUÉ ES?

Problemas, a veces severos, en la capacidad de inhibir una respuesta, tanto en actividades cognitivas como sociales. Son incapaces de esperar lo suficiente como para poder pensar y luego actuar, siendo poco reflexivos.

Se puede deber a una hipoactividad en el Sistema de Inhibición de Conducta (SIC), lo que les lleva a cometer muchos errores en actividades que supongan persistencia en la tarea y/o inhibición de la respuesta durante un periodo de tiempo.

5.1.2. ¿CÓMO SE MANIFIESTA?

- ✓ Pueden saltarse las normas, no son capaces de controlar sus acciones y no evalúan la situación previa ni las posibles consecuencias.
- ✓ Interrumpen las actividades y conversaciones ajenas.
- ✓ Responden a las preguntas antes de que terminen de formularlas.
- ✓ Parecen no escuchar.
- ✓ Presentan dificultades para guardar los turnos.
- ✓ Les resulta muy difícil seguir instrucciones, sobre todo si son varias, complejas y es importante el orden para lograr el éxito.
- ✓ Tienen dificultades para realizar tareas que exijan la aplicación de estrategias de análisis de estímulos y búsqueda de la alternativa correcta.
- ✓ Saltan de una tarea a otra sin terminarla.

*¡No piensa ni antes ni después de actuar!
No se vale de la experiencia, tropezando una y mil veces sobre la misma piedra.*

5.1.3. ¿QUÉ CONSECUENCIAS TIENE?

- ✓ Actúan sin evaluar las consecuencias de sus actos, viéndose involucrados en accidentes de distinta gravedad, de forma involuntaria.
- ✓ Debido a los importantes problemas para la espera, las frecuentes interrupciones, e incumplimiento de las normas, se les percibe como maleducados y/o rebeldes.
- ✓ Al no evaluar las consecuencias de sus actos en las relaciones con los demás es rechazado y percibido como molesto y agresivo.
- ✓ Sus actuaciones son imprevisibles, algunas veces incluso para ellos.

DA EL GRAN SALTO: ¡PONTE EN SU LUGAR!

Te imaginas lo que sería estar en un país extraño, donde no conoces ni el idioma, ni la cultura, ni las normas, y te exigen actuar eficazmente.

Y como te equivocas (por supuesto), eres etiquetado y tratado como persona non grata.

© ITES-Paraninfo

5.1.4. ¿QUÉ PODEMOS CAMBIAR PARA MEJORAR LA IMPULSIVIDAD?

Definir las normas

✓ Definir y trabajar (apoyándose en medios visuales y dinámicos como pósters, notas en su cuaderno, dinámicas de grupo...) las normas de la clase y las consecuencias de su incumplimiento, estando esta información **a la vista** de los alumnos.

✓ Recordar las normas frecuentemente.

✓ Definir y estructurar **normas personalizadas,** como permitirle que muestre sus tareas al profesor.

✓ **Obligarle «in situ»** antes de cada situación (salir al recreo, prepararse para irse a casa...) **a que repita en voz alta las normas específicas a cada situación** hasta que se convierta en un hábito para el niño.

Favorecer el autocontrol

✓ **Fragmentar las tareas** en objetivos más cortos y supervisar con más frecuencia su consecución, de forma que el tiempo en el que tienen que inhibir su respuesta sea menor. Como ya se ha visto, implica tiempos de atención más cortos, lo que favorece su aprendizaje al adaptarse a su capacidad atencional. Por ejemplo, en vez de mostrar los ejercicios de matemáticas cuando estén finalizados todos, es mejor que los muestre cuando ya haya terminado dos.

✓ Favorecer el **uso de las autoinstrucciones** para dirigir su conducta.

✓ **Desglosarles el futuro,** advertirles de lo que llega a través de la realización de tareas presentes. No tanto hablarles de la meta sino desglosarla en pasos pequeños centrándoles en el aquí y ahora, y guiarles en su actuación.

Premiar las conductas adecuadas e ignorar las inadecuadas

✓ Implantar un **sistema de puntos en el que es premiado** (en el colegio y en casa) por la consecución de objetivos y con coste de respuesta ante el incumplimiento.

✓ **Sistema de puntos en el que la clase es premiada** por el cumplimiento de las normas.

- ✓ **Ignorar** las conductas inadecuadas como interrumpir, y en el caso de ser muy molesta utilizar el tiempo fuera.
- ✓ **Reforzar las conductas adecuadas** como ir despacio, terminar cada pequeño paso dado, la calidad frente a la cantidad.

Aumentar su capacidad de reflexión

- ✓ Estructurar el ambiente con señales visuales acerca de la intención de ESPERAR Y PENSAR.
- ✓ Actuar de modelo en el uso del lenguaje interno en los procesos de resolución de problemas.
- ✓ Pedirle que PIENSE EN VOZ ALTA, que cuente lo que hace, o tiene que hacer, para posibilitar la producción del lenguaje interno que medie en la conducta.

¡A LO PRÁCTICO!

Hemos intentado que Ramón se comportara adecuadamente en la fila del recreo, para que cumpliera la orden le hemos dicho muchas veces lo que no puede hacer: no se corre por el pasillo, no hay que salirse de la fila...

Sin embargo, a la hora de salir al recreo ya no corre ni se sale de la fila, pero va a cuatro patas, va en fila botando el balón en la espalda del compañero, se cuela, hace el grito de Tarzán al salir al patio, va dando palmas al ritmo de un desfile.

El niño ha hecho lo que le hemos pedido, pero sentimos que nos desafía porque cada vez que sale al recreo nos sorprende con una conducta nueva que sigue siendo inadecuada.

Nos dimos cuenta de que le estábamos dando las órdenes en negativo, nadie le estaba diciendo lo que tenía que hacer, por lo tanto, Ramón nos obedecía: hacía lo que le decíamos y no corría, ni gritaba...

Como sabemos que para que los niños interioricen la norma es necesario que ellos la verbalicen en voz alta en la situación le obligamos *in situ,* cada vez que salía al recreo:

1. A parar ¡QUIETO! ¡STOP! (para favorecer su capacidad de inhibir sus conductas inadecuadas).

© ITES-Paraninfo

32 Impulsividad

> **2.** A PENSAR, a decir en VOZ ALTA y HACERLO:
>
> - El truco para ir bien en la fila es: «voy a ir detrás de Borja como si fuera su sombra y voy a cerrarme la boca como si fuera una cremallera, como si llevara agua dentro».
>
> El truco de la cremallera y la boca llena de agua, se nos ocurrió recordando como nuestras madres cuando éramos pequeños nos mandaban callar.
>
> Esto lo repetíamos a diario, tantas veces como fue necesario, hasta que se convirtió en un hábito para el niño, logrando interiorizar la norma.

Siempre que lo haga bien
(o medianamente bien) → ¡REFUÉRZALE!

© ITES-Paraninfo

Capítulo

6

Hiperactividad

6.1. HIPERACTIVIDAD

Las personas actuamos para ejecutar nuestros comportamientos, manifestar nuestras opiniones o conseguir unos objetivos o metas preestablecidas. A la hora de actuar, de llevar a cabo nuestra actividad, hemos aprendido y tenemos la capacidad de adaptarnos a la situación en la que nos encontramos y valorar las consecuencias de nuestra actuación.

La cantidad de actividad, o veces que actuamos, varía de una persona a otra, en función de su temperamento, pero en cualquier caso, la mayoría de la gente es **capaz de controlarla, de regularla y adaptarla a la situación**.

ALTA
Excesiva frecuencia a la hora de ejecutar comportamiento, opiniones y alcanzar objetivos pero sin dificultades para adaptarse a la situación.

NORMAL
Se ejecutan comportamientos, opiniones y alcanzan objetivos adaptándose a las situaciones.

BAJA
Poca frecuencia a la hora de ejecutar comportamientos, opiniones y alcanzar objetivos pero sin dificultades para adaptarse a la situación.

Por lo tanto cuando hablamos de hiperactividad no sólo nos referimos a un exceso de actividad motora y/o verbal, también se tienen en cuenta otros factores como:

- La frecuencia, duración e intensidad de la actividad.
- La capacidad de persistencia en la misma.
- La capacidad de inhibirla y controlarla, ajustándola al contexto, y a un fin.

© ITES-Paraninfo

HIPERACTIVIDAD

- Excesiva frecuencia a la hora de ejecutar comportamientos y/u opiniones.
- Dificultad para adaptarse a la situación y controlar la actividad ajustándola a la misma.
- La excesiva actividad no está dirigida a un fin, es decir, a alcanzar objetivos.

EJEMPLOS:

✓ El tono y la velocidad del habla cambia si estás con amigos en una fiesta a si estás en una reunión de trabajo.

✓ Ajustamos nuestros movimientos a la tarea: mucho más lento y delicado si estamos arreglando un jarrón chino y mucho más fuertes, bruscos, enérgicos, si estamos cortando leña.

✓ Medimos la fuerza de un abrazo para no hacer daño.

✓ Sabemos callarnos las intimidades ante personas que apenas conocemos.

6.1.1. ¿QUÉ ES?

«Es una cantidad excesiva de actividad motora o verbal en relación con lo esperable para la edad y situación concreta en la que se encuentra el sujeto.»

«Es una pauta persistente de actividad excesiva en aquellas situaciones que requieren inhibición motora.»

Este exceso de actividad ha sido definido de manera gráfica con la expresión de «niños movidos por un motor», para expresar la realidad de unos menores que no parecen necesitar descanso. Es una pauta persistente, duradera y continuada a lo largo de la historia del niño, ya desde muy pequeño, de bebé, presentan este patrón de actividad; y es excesiva, inadecuada y desmesurada, repercutiendo en las relaciones con los demás y en la adquisición de muchos aprendizajes.

Obviamente, esto representa una manera de expresar una característica muy llamativa al observador, ya que los niños afectados por este problema no están moviéndose todas las horas del día, sino que en ocasiones reducen algo su actividad, pero incluso en esos periodos de «descanso» y de estarse algo más quietos, su actividad es mayor que la de los niños de su edad sin TDAH. Hay estudios donde se comprueba que esta característica persiste incluso cuando están dormidos.

Esta manifestación de exceso de actividad, en los primeros estudios del trastorno fue objeto de muchos análisis y trabajos de investigación, principalmente por resultar muy llamativa y muy molesta; en la actualidad se está relegando a un tercer plano dándole mucha más importancia a las dificultades de atención y a la impulsividad, y esto parece ser así por diferentes motivos:

- De los tres déficits (atención, impulsividad e hiperactividad) el exceso de movimiento disminuye y se va normalizando conforme el niño se va haciendo mayor, más o menos a partir de los doce años.

- De los tres es el que menos repercusiones tiene a largo plazo.

- Los procedimientos para evaluar la actividad motora y/o verbal, y los estudios para diferenciar lo normal y lo inadecuado, presentaron datos inconsistentes y poco concluyentes.

Cada vez parece más admitido que la hiperactividad motora, como la impulsividad, es una consecuencia directa de la escasa y **baja capacidad de ejercer un control inhibitorio**.

Su exceso de movimiento se traduce en una actividad casi permanente e incontrolada, que no suele tener una finalidad concreta, no está dirigido a una meta, y que tiende a aparecer en los momentos más inoportunos, o justo cuando la situación requiere más control motor (en la sala de espera de un médico, en un examen, en los oficios religiosos...) es cuando más actividad motora existe.

Esta manifestación disminuye con la edad, siendo entre los 6 y los 11 años el período en el que la actividad motriz es significativamente más elevada.

6.1.2. ¿CÓMO SE MANIFIESTA?

✓ Niños muy activos.

✓ Son niños en «constante movimiento»: movimiento de manos, pies, balancean el cuerpo, etc.

✓ Incapaces de estarse sentados y quietos, y si son capaces de estarse sentados, cambian de postura, se balancean.

✓ Tocan todo.

✓ Su movimiento parece no tener una meta, es la actividad por actividad: deambulan y merodean sin sentido ni objetivo.

✓ Hablan demasiado, verborrea constante.

✓ Canturrean, hacen ruiditos con la boca, silban.

✓ Mordisquean, chupan, muerden las cosas (lápices, gomas, puños de la camisa...).

✓ Menos necesidad de descansar y de dormir.

© ITES-Paraninfo

6.1.3. ¿QUÉ CONSECUENCIAS TIENE?

✓ Son torpes. Se les rompen las cosas, se les caen los objetos, son poco cuidadosos y ruidosos.

✓ Se implican en actividades más peligrosas.

✓ Tienen accidentes con más frecuencia.

✓ Incontrolables.

✓ Molestos.

✓ Estas consecuencias provocan el rechazo de sus compañeros y adultos.

✓ Distorsionan el ritmo de la clase.

✓ Repercute en la adquisición de los aprendizajes escolares.

DA EL GRAN SALTO: ¡PONTE EN SU LUGAR!

Es como si en un día maravilloso de excursión se te hubiera colado un hormiguero entero por tu camisa, y te obligaran a estar quieto...

¿Te imaginas?

6.1.4. ¿QUÉ PODEMOS CAMBIAR PARA MEJORAR LA HIPERACTIVIDAD?

Favorecer momentos de actividad adecuada

- ✓ Intentar que su movimiento sea adaptativo **haciendo pequeñas tareas** que le faciliten la eliminación de la energía y tensión acumuladas por haber estado quieto. Para ello **se le adjudican responsabilidades y/o ayudar al profesor**, como ir a hacer fotocopias, repartir hojas, borrar la pizarra, apuntar actividades y cambios en la agenda grupal u horario, etc.
- ✓ **Que acuda a la mesa del profesor a mostrar sus tareas**, este movimiento servirá para descargar tensiones, disminuyendo la frecuencia con la que se levanta de la silla de forma inadecuada. El objetivo es que se levante de la silla en determinados momentos y de forma estructurada.

Control de estímulos

- ✓ **Mandarle menor cantidad de tarea**, y que requiera menor esfuerzo mental mantenido, **programando períodos de descanso** donde se pueda mover; conforme lo vaya consiguiendo ir aumentando el número de tareas, la cantidad de esfuerzo, y el tiempo para su realización.
- ✓ **Programar la realización** de tareas que requieran esfuerzo mental después de períodos de movimiento motor intenso como los recreos, clases de gimnasia, partidos o deporte.
- ✓ **Marcadores de tiempo,** no tienen conciencia del tiempo por lo que no sirve darles más tiempo porque lo perderán igualmente. El tiempo hay que convertirlo en algo real con relojes, temporalizadores, cronómetros, relojes de arena...
- ✓ **Permitir el murmullo** y permitir el **movimiento**.

Manejar adecuadamente las contingencias

- ✓ **Extinguir**, no atender a los movimientos que parezcan más incontrolados o inconsistentes.
- ✓ **Contener** o controlar estos movimientos para que no sean reforzados por otros observadores.
- ✓ **Reforzar** el estar adecuadamente sentado, en silencio, escuchando, escogiendo para cada día una conducta concreta: «hoy te voy a pillar... sentado, quieto, callado, etc.».

© ITES-Paraninfo

¡A LO PRÁCTICO!

Carlos tiene seis años, acaba de empezar primaria, y ahora necesita estar más tiempo sentado porque no se juega tanto en clase, están empezando a leer y escribir. Sin embargo él se levanta constantemente a sacar punta, al baño, a decirle algo a su profesora, o a algún compañero, a pedir material..., no para quieto en su silla, se sienta mal, cambia de postura constantemente, como si se estuviera retorciendo, hace mucho ruido a la hora de sacar un cuaderno, el estuche, una pintura, escribir, se le caen las cosas al suelo.

Cuando está distraído pensando en lo suyo «da gusto», pero haciendo las tareas o simplemente siguiendo la clase, es un torbellino. Su profesora ha probado a corregirle en la postura, le pide sentarse cuando se levanta, le ha sacado al pasillo en repetidas ocasiones por hablar con los compañeros, le ha intentado premiar por estarse quieto, dar puntos negativos por moverse, le han regañado en casa sus padres.

Carlos ha contado en casa que *«no lo puede controlar»*, que no lo hace aposta, pero le sale solo, confiesa que a veces para poder moverse busca excusas o se ha inventado el truco de tirar el estuche lo más lejos posible para tener que levantarse a por él.

En una tutoría entre los padres y su tutora decidieron dejar de intentar «ponerle diques al mar», era evidente que Carlos no iba a poder parar fácilmente, y ya que no podían con su «constante movimiento», decidieron UNIRSE A ÉL.

El plan era canalizarlo, que no interfiriera en el aula o lo menos posible, y con una buena tormenta de ideas salieron muchas sugerencias que irían probando a lo largo del curso.

- Nombrarle el encargado del material, cada vez que se necesitaba algo, tizas, folios, fotocopias, dar un recado al conserje, etc. (incluso sin haber recado), se le mandaba a Carlos a por ello, aunque eso sí, bien rápido. Al chaval esta idea le encantó y le dio un papel positivo dentro del grupo no sólo de «trasto» como ya le llamaban. Fue realmente útil para toda la clase y todos los días tenía que cumplir con un par de recaditos. Él se sentía muy bien.

- Cada vez que se ponía trabajo individual, se le llamaba a menudo para enseñar cómo iba a su profesora, así mientras sus compañeros permanecían sentados un buen rato, él ya se había dado tres o cuatro paseos.

© ITES-Paraninfo

- Se ha pegado en su pupitre la palabra STOP como señal visual, para que le sirva de recordatorio y que cuando la vea se diga a sí mismo: quieto, tranquilo, espera, pide permiso, no toca levantarse, etc.
- Se han dedicado todos los días en clase unos minutos a jugar a juegos que impliquen el control de movimiento: por ejemplo las estatuas, pies quietos, toro sentado, etc.
- Para cuando se levantara inapropiadamente estipularon entre el niño y la profesora, una señal AMIGA: «guiñarle un ojo», así se intentaba ayudar a Carlos a tomar conciencia de su movimiento inadecuado, para que intentara volver a su asiento, sin ser por ello sancionado ni expresarle la orden públicamente, se trataba de darle la oportunidad de auto-corregirse.

Al cabo de un tiempo, Carlos seguía siendo un niño inquieto, pero no perturbaba el ritmo de la clase, sus compañeros le elegían siempre en los juegos de correr y saltar, le llamaban *Charly el rápido*, sus ruidos eran menos llamativos, además de que se permitía cierto murmullo en clase, se levantaba pero... pidiendo permiso y solía ser para hacer algo realmente importante o necesario.

Todos se sorprendieron mucho al comprobar que después de esos periodos donde se le permitía moverse, su trabajo en clase era más eficaz.

En la cena de Navidad, con todos sus primos, fue felicitado públicamente por su buen comportamiento en la mesa, siendo uno de los niños que «menos se movió».

Justo cuando la situación requiere más control motor, es cuando más actividad existe.

© ITES-Paraninfo

Capítulo

7

Dificultades de autocontrol

7.1. DIFICULTADES PARA EL AUTOCONTROL

Cuando hablamos de autocontrol nos referimos a la capacidad del ser humano de gobernar consciente y voluntariamente su propio comportamiento. Dicho control sobre nosotros mismos es un proceso complejo que incluye muchos pasos.

Siguiendo los elementos del test CACIA: cuestionario de autocontrol infantil y adolescente (Capafons y Silva, 1991) que evalúa el autocontrol, reflejamos los procesos implicados en los modelos de autorregulación y autocontrol, aspectos que están referidos a los paradigmas básicos de Resistencia al dolor y al *stress* (autocontrol acelerativo) y Resistencia a la tentación y Retraso de Recompensas (autocontrol decelerativo).

Se consideran los siguientes procesos:

- **MOTIVACIÓN PARA EL CAMBIO:** interés de la persona por cambiar, ya sea de ideas, actitudes y comportamiento para mejorar las cosas que ocurren.

- **PROCESOS DE ANTICIPACIÓN DE CONSECUENCIAS:** detectar la información del ambiente, de las personas, de uno mismo sobre los motivos para cambiar tu manera de proceder.

- **PROCESOS DE ATRIBUCIÓN CAUSAL:** la persona analiza las causas de su comportamiento, las posibilidades de éxito o fracaso, antes de hacer el esfuerzo de cambiar. De dicho análisis dependerá el inicio de la acción de auto-control y también de las emociones que suscita.

- **PROCESOS DE JUICIO:** son procesos que suponen el establecer criterios, normas, objetivos a conseguir, así como de evaluarlos, decidir si se han alcanzado o no dichos objetivos, o seguido esos criterios.

- **PROCESOS DE AUTO-CONSECUENCIAS:** reflejan la acción del sujeto ante su éxito o fracaso en cambiar o mantener su comportamiento, otorgándose según corresponda consecuencias positivas o negativas.

- **HABILIDADES PARA LA AUTODETERMINACIÓN:** se refiere a la capacidad del sujeto para recurrir a distintos procedimientos, o técnicas que le ayuden a cambiar el comportamiento o a mantenerlo en situaciones difíciles.

© ITES-Paraninfo

AUTOCONTROL

- **PARARNOS** ⇒ Capacidad de demora
- **NO ACTUAR** ⇒ Inhibición de la conducta
- **PENSAR** ⇒ Lenguaje interno
- **PLANIFICAR** ⇒ Resolución de problemas
  - Qué ha ocurrido
  - Cómo lo sé
  - Qué tengo yo que ver en ello
  - Cómo lo puedo solucionar
  - Qué alternativas se me ocurren
  - Qué consecuencias tiene cada una de ellas
  - Cuál es mejor
  - Elijo...
- **ACTUAR**
- MANTENER NUESTRA ACTUACIÓN FRENTE A LA DISTRACCIÓN
- AUTOEVALUACIÓN

Si además añadimos todos los factores emocionales, situacionales, de personalidad, etc., que pueden marcar el proceso de autocontrol, comprobamos como las dificultades aumentan, siendo un proceso tremendamente complejo.

© ITES-Paraninfo

7.1.1. ¿QUÉ ES?

Los niños hiperactivos son a menudo injustamente considerados como inmaduros, con falta de autodisciplina y organización, en el peor de los casos se les tacha de vagos intencionados, desmotivados, poco responsables, y no pocas veces recae sobre los padres la responsabilidad, tachándoles de «maleducados».

Los problemas de autocontrol pueden ser consecuencia directa de algunas de las dificultades mencionadas anteriormente: si no puede controlar sus impulsos, si su movimiento es elevado, poco o nada consciente sobre lo que les sucede, el movimiento está mal estructurado, y si su atención es dispersa y lábil, difícilmente va a poder ejercer un control de sí mismo y de su actividad en las situaciones en que esto sea necesario.

La investigación más relevante sugiere que en estos niños existe un retraso en el desarrollo del control de impulsos, resumiendo todo en un problema de INHIBICIÓN.

De este modo, impulsividad e hiperactividad son en realidad dos partes del mismo problema: EL DÉFICIT DE INHIBICIÓN.

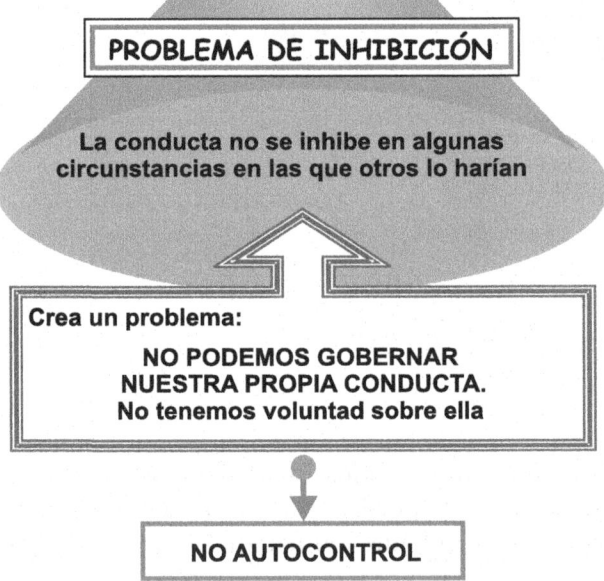

7.1.2. ¿CÓMO SE MANIFIESTA?

- Falta de conciencia sobre lo que sucede: si no saben lo que les sucede, difícilmente podrán ejercer control sobre ellos mismos.

- Atención lábil y dispersa, que dificulta poder controlar las situaciones.

- No cumplen fácilmente las normas; ante la dificultad de ajustar su comportamiento a cualquier marco estable.

- Tienen muchas dificultades en desarrollar los hábitos más básicos, (levantarse a una hora, vestirse a buen ritmo, acordarse de lavarse los dientes, llevar al cole todo lo necesario, ponerse el aparato de dientes, dejar cada cosa en su sitio, etc.).

- Dificultad en seguir y cumplir órdenes o instrucciones, peor cuanto más complejas o si se dictan a la vez más de una.

- No son constantes en sus tareas, dejando muchas de ellas inacabadas.

- Realizan conductas inapropiadas a los lugares y personas que marcan la actuación (salas de espera, supermercados, colegios, etc.).

- No aprenden por ensayo y error.

- No generan alternativas diferentes ante problemas diferentes, dando siempre la misma respuesta.

- No controlan bien sus emociones y pueden llegar a ser agresivos en la resolución de problemas de relación con los iguales.

- No tienen estrategias específicas para el autocontrol como el uso del lenguaje interno.

No consiste en un «NO QUIERO», Más bien es que aunque quiero: «NO PUEDO».

7.1.3. ¿QUÉ CONSECUENCIAS TIENE?

Si no saben lo que les sucede, difícilmente podrán ejercer control sobre ellos mismos, desconocen cómo hacerlo, aun sabiéndolo no disponen de un correcto funcionamiento de todos los mecanismos que implica.

- Son tachados de inmaduros y maleducados, recayendo toda la responsabilidad y culpabilización en los niños y/o en la educación que le han dado sus padres.

48 Dificultades de autocontrol

- Intentan cambiar pero no lo consiguen y los fracasos van desarrollando sentimientos de impotencia y de culpa, construyendo un autoconcepto muy negativo.
- Aparecen problemas emocionales ante sus intentos infructuosos de control, por lo que a edades más tardías aparecen síntomas de depresión y/o ansiedad.
- Pueden ser apartados del grupo y de otras actividades familiares por las molestias que ocasionan.
- Ante desconocidos, su desinhibición, y espontaneidad «cae bien, se le considera muy simpático», siendo erróneamente reforzados.
- Provoca mucha frustración en los padres y profesores, desgaste personal ante la necesidad de una supervisión constante.
- Tensión familiar.
- Se producen muchos conflictos con los compañeros y con los hermanos.

— DA EL GRAN SALTO: ¡PONTE EN SU LUGAR! —

Viajas en tu coche, bajando un puerto de montaña y...

¡TE HAS QUEDADO SIN FRENOS!...

¿Crees que serías capaz de llegar bien hasta el final?

Y si lo consigues, sería probablemente con no pocos incidentes:

¿No crees que merecerías más una felicitación o incluso un premio por buen conductor (por muy mal que quede tu coche), más que una regañina por los errores cometidos en el trayecto?

© ITES-Paraninfo

7.1.4. ¿QUÉ PODEMOS CAMBIAR PARA AUMENTAR EL AUTOCONTROL?

Dividir las tareas

✓ Proporcionarles las tareas escolares divididas **en pequeños pasos**, lo que hace que la persistencia requerida para resolver la tarea y el tiempo en el que tiene que inhibir la conducta sean menores.

Mejorar la forma de dar las órdenes

✓ Darles instrucciones **claras, cortas y sencillamente formuladas** para realizar sus tareas. Si es necesario, hacerlo **para cada paso** que debe realizar para finalizar con éxito cada uno de los apartados en los que se ha dividido la tarea.

✓ Favorecer el uso y aplicación de **autoinstrucciones** para fomentar el uso del lenguaje interno como factor importante en la dirección de las conductas.

✓ Utilizar el **control externo** en la situaciones más difíciles e irlo retirando progresivamente, nunca de golpe.

Aumentar su motivación

✓ Dejarles claras **cuáles serán las recompensas** por concluir sus tareas.

✓ **Alabarles** cuando concluyen una tarea con éxito para que se sientan competentes y mejore su motivación.

✓ **Comenzar por los premios,** no por los castigos. De por sí son unos niños que están más castigados que otros. El castigo sólo funciona si es muy inmediato.

✓ Llevar un **autorregistro de cumplimiento** de objetivos y un sistema de **economía de fichas**.

✓ **Propiciar situaciones de éxito** y destacarlo.

Capacidad de reflexión

✓ Estructurar el ambiente con señales visuales acerca de la intención de ESPERAR Y PENSAR.

✓ Actuar de **modelo en el uso del lenguaje interno** en los procesos de resolución de problemas.

© ITES-Paraninfo

✓ Pedirle que PIENSE EN VOZ ALTA, que cuente lo que hace, o tiene que hacer, para posibilitar la producción del lenguaje interno que medie en la conducta.

Mejorar sus estrategias en la resolución de problemas

✓ **Analizar** las situaciones y las consecuencias de los comportamientos propios y ajenos.

✓ Pensar en **soluciones alternativas** a la ejecutada.

✓ **Devolverle la información** sobre su comportamiento y del acercamiento, o no, a las metas establecidas.

✓ **Entrenarle en autoevaluación** pidiéndole que sea él el que juzgue.

Contingencia de grupo

✓ **Determinar ciertas metas** fáciles de conseguir y **se reforzará a toda la clase** como consecuencia de la consecución de la meta por parte del niño.

PÁRATE... OBSERVA...

¡A LO PRÁCTICO!

Laura tiene siete años y un gran carácter, tanto en casa como en clase monta en cólera por la cosa más tonta, entonces grita, llora y pega a su hermana o a sus compañeros de clase, si han tenido algo que ver.

Al cabo de un rato, se daba cuenta de su fallo y lo pasaba fatal, pidiendo mil disculpas, pero no era capaz de controlar sus estallidos, repitiéndose una y otra vez.

Su profesor, conocía la técnica de autocontrol LA TORTUGA de Schneider y Robin (Bonet comp. 1992).

Así que comenzó a contar a Laura el cuento de la gran TORTUGA SABIA que se escondía en su caparazón cuando había peligro y mientras tanto pensaba y se relajaba. Este gesto de la tortuga la niña lo tenía que hacer cada vez que sintiera por poquito que fuera, cierto enfado o enojo, cierto malestar, cualquier sentimiento negativo o desagradable.

Cuando el profesor la «pillara» en esa postura de la tortuga, sería premiada. Además lo planteó como juego para toda la clase y aunque más de uno hizo la postura alguna vez sin ninguna causa para buscar el premio, la cosa funcionó, lográndose reducir mucho los conflictos en toda la clase, no sólo con Laura.

Desde luego la niña fue logrando mejorar su reacción ante los enfados y su ira cada día más, en casa notaron también cambios. Sin embargo en casa estaban muy preocupados, *«de pronto a la niña le había entrado un tic o una manía rarísima: a menudo se encojía de hombros y metía la cabeza».*

Todo quedó aclarado con una buena coordinación en la siguiente tutoría, y juntos idearon un nuevo plan para que fuera capaz de PARARSE A PENSAR antes de responder ante algo, para poder trazar un plan, así que ahora jugaban al *BUHO, que abre mucho los ojos, guarda silencio y piensa antes de hablar o hacer.*

¡A LO PRÁCTICO!

Nacho es un niño que cuando viene a la consulta pasea como «Pedro por su casa»:

- Se enrolla a hablar en la recepción (impidiendo que se realice el trabajo).
- Charla animadamente con cualquier adulto de la sala de espera, preguntando qué hace ahí o invitándole a jugar al escondite, a la maquinita, (¡lo que haga falta!).
- Cuando tiene hambre se pasa al *office* y abre puertas y nevera buscando algo de comer.
- Cuando se aburre, entra sin llamar al despacho con cualquier demanda.
- Si habla lo hace gritando.
- Si cambia de lugar lo hace a la carrera.
- Ya ha roto unas cuantas cosillas del centro de psicología al que acude.

Su madre lo pasa fatal pero no puede controlarle cuando ella no está presente.

Era urgente trazar un plan, así que acordamos:

- Que tuviera siempre en la sala de espera preparados unos cuentos y juegos para poder entretenerse de forma adecuada mientras esperaba.
- Que su madre le trajera algo de merienda por si le entraba hambre, no pudiendo entrar libremente en la cocina.
- Podría ir al despacho a pedir nuevos juegos pero andando despacio por el pasillo y llamando a la puerta antes de entrar.
- Nos pusimos de acuerdo con la consulta del neurólogo para hacer lo mismo.
- Al final de cada cita tendría una valoración que si era positiva podría canjear ese mismo día por un premio.

Al cabo de un par de días, todo el mundo notó la diferencia, los otros profesionales del centro salieron a su encuentro felicitándole por el cambio.

Capítulo

8

Estilo cognitivo

8.1. ESTILO COGNITIVO

El estilo cognitivo es la forma en la cual percibimos la información que nos llega de distintas fuentes y el procesamiento que realizamos de dicha información.

Dentro del modelo cognitivo conductual existen muchas teorías explicativas de lo que se llama «estilo cognitivo»; la que más nos aporta para explicar el estilo cognitivo de los niños con TDAH es la teoría «Deficiencia autorreguladora» de Virginia Douglas (1984).

Para esta autora existen unas **predisposiciones básicas**, con una gran base neurológica, que son las que facilitan y crean las habilidades cognitivas, estas predisposiciones básicas son:

- La capacidad de aprender a través de las consecuencias, el impacto de los estímulos y las consecuencias en la respuesta.
- Las habilidades de atención y concentración.
- La capacidad de inhibición.
- La capacidad de regular la excitación.

PREDISPOSICIONES BÁSICAS:
✓ Impacto de recompensas o estímulos
✓ Concentración y atención
✓ Inhibición de respuestas
✓ Regulación de la excitación

DEFICIENCIAS SECUNDARIAS:
✓ Desarrollo de esquemas complejos (conocimientos, habilidades, estrategias)
✓ Capacidad para desempeñarse con efectividad (motivación intrínseca)
✓ Metacognición

DEFICIENCIA DE PRODUCCIÓN Y MEDIACIONALES

EXPERIENCIAS DE FRACASOS

© ITES-Paraninfo

Estas predisposiciones básicas facilitan o no la adquisición de unas **habilidades cognitivas secundarias:**

- EVENTOS COGNITIVOS: diálogo interno, ideas automáticas, mensajes telegráficos, a veces inconscientes e involuntarios, a veces voluntarios y conscientes (Lenguaje Interno).

- PROCESOS COGNOSCITIVOS: todos los mecanismos de procesamiento de la información, cómo detecto, analizo, memorizo, almaceno, relaciono, conecto, clasifico, recupero..., son mecanismos en un primer momento inconscientes y no voluntarios.

- PROCESOS METACOGNOSCITIVOS: es el conocimiento personal que se posee de los procesos cognoscitivos, el haber llegado a saber que se puede controlar y desarrollar esos procesos cognoscitivos; el descubrir el modo, de manera voluntaria, de trabajar con los procesos cognoscitivos.

- ESTRUCTURAS COGNOSCITIVAS: los esquemas mentales a través de los que nos relacionamos con el mundo y con nosotros mismos.

Tener unos buenos, adecuados y eficaces esquemas mentales que permitan relacionarse con el mundo y con uno mismo de manera adecuada, que permitan madurar, crecer, desarrollarse como persona en todas las áreas y ejercitando todas las potencialidades, depende de poseer una buena metacognición de los procesos cognoscitivos, y para tener unos adecuados procesos cognoscitivos se requiere un adecuado lenguaje interno o eventos cognoscitivos.

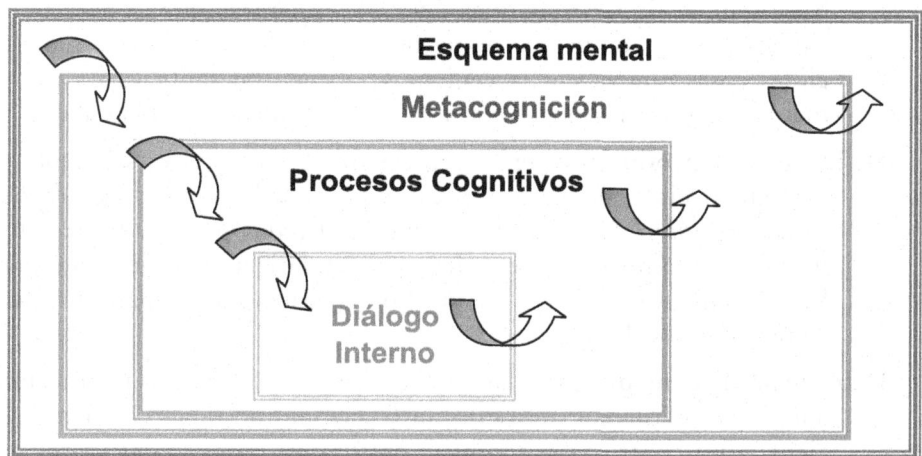

8.1.1. ¿QUÉ ES?

Los niños con TDAH pueden presentar dificultades ya desde el primer nivel, realizando un pobre e inadecuado lenguaje interno (eventos cognoscitivos), lo que ya impide un desarrollo adecuado de los procesos, de la metacognición y de los esquemas mentales.

Hay tres niveles de dificultades cognitivas mediacionales como ya se ha comentado en otros apartados:

Deficiencia mediacional: aquellos niños que no poseen habla interna, que no poseen hechos cognitivos, que no se hablan a sí mismos para poder controlar su conducta, o si lo realizan este habla interna no es de autoguía, el contenido de esas verbalizaciones no tiene relación con la conducta que están realizando.

Deficiencia de producción: cuando sí poseen lenguaje interno, y sí sería adecuado para la realización de lo que tengan que hacer... pero fracasan a la hora de ponerlas en práctica en las situaciones apropiadas... no identifican la situación en la que deben poner en práctica esas habilidades cognitivas que sí poseen.

Deficiencia de control: cuando sí poseen el lenguaje interno, sí lo ponen en práctica en la situación adecuada, pero sin embargo aunque se estén autoinstruyendo de forma adecuada a la conducta que estén realizando... no es tan potente como para llegar a cambiar su conducta.

UN EJEMPLO

- **Deficiencia mediacional** sería cuando un niño que está realizando un trabajo manual de recortar unas figuras ... mientras que lo hace te está contando cosas de lo que ha hecho el fin de semana o está fijándose en las cosas que ve por la ventana y ... mientras tanto va recortando mal las figuras, incluso se corta la camisa y no se da ni cuenta.

- **Deficiencia de producción** sería si en este mismo caso él ya sabe que tendría que decirse «*despacio, voy a fijarme en la línea por donde debo recortar, me paro en las esquinas, y giro el papel para poder recortarlo bien*» ... y ... o no se las dice y hay que ayudarle a identificar que eso es lo que tiene que pensar, o se dice otras instrucciones para otra tarea similar como calcar ...

- **Deficiencia de control** sería cuando sí es capaz de decirse las instrucciones adecuadas a la tareas pero estas instrucciones no tienen la fuerza suficiente para controlar la conducta motora, se diría «*despacio, voy a fi-*

jarme en la línea por donde debo recortar, me paro en las esquinas, y giro el papel para poder recortarlo bien», pero no sería capaz de ir despacio, o de parar en las esquinas, o de girar el papel.

8.1.2. ¿CÓMO SE MANIFIESTA?

- Inexistente diálogo interno, o inadecuado, o ineficaz.
- Pobres procesos cognitivos, dificultades para atender, seleccionar, identificar, etiquetar, clasificar, relacionar, memorizar, volver a recuperar una información.
- Poca conciencia de que estos procesos pueden ser voluntarios y se pueden trabajar, desarrollar, y fomentar de manera consciente.
- Inadecuados o ineficaces esquemas mentales, cómo se evalúa la realidad, lo que está pasando, qué explicaciones se dan, el tipo de atribuciones, qué causas encuentra a lo que está ocurriendo, a la conciencia que tiene sobre el papel de la propia conducta en todo ello, a las metas que se propone, a las distintas soluciones que encuentra para conseguirlas.
- Falta de planificación.
- Respuestas poco estructuradas.
- Predominio de la atención involuntaria.
- Dificultades para diferenciar los estímulos relevantes.
- Problemas para establecer redes de conexión entre aprendizajes.
- Impulsividad frente a la reflexión.
- Rigidez frente a las demandas del entorno.

© ITES-Paraninfo

8.1.3. ¿QUÉ CONSECUENCIAS TIENE?

- Necesidad de un ambiente estable y previsible.
- Necesidad de ambientes estructurados y con pocos estímulos irrelevantes.
- Poca autonomía.
- Necesidad de guía externa.
- Dificultades en la organización de la información.
- Problemas para la autoevaluación.
- Dificultades para adaptarse a las demandas del entorno.
- Dificultad para adaptarse a un tiempo establecido para la tarea, cumplir horarios.
- Dificultad para utilizar conocimientos previos para resolver problemas.
- Dificultades para atender a la información relevante, para organizarla y procesarla.
- Dificultades en el rendimiento académico.
- Dificultades en las relaciones sociales.

Los déficits cognitivos estarían en la base de todos los problemas de los niños con TDHA, en la atención, concentración, impulsividad, regulación, autocontrol, en la ejecución en las tareas escolares y aprendizajes, en la solución de los problemas sociales.

8.1.4. ¿QUÉ PODEMOS CAMBIAR PARA FAVORECER UN ESTILO DE PENSAMIENTO ADECUADO?

Ayudarle a analizar su conducta y enseñarle a valorarla

- ✓ **Proporcionarles alternativas** para el análisis de situaciones.
- ✓ Ayudarles en la valoración de sus actividades mediante un **autorregistro**, tanto cuando concluyan con éxito como cuando no logren sus metas.
- ✓ **Punto de rendimiento**, aprovechar cualquier situación, conflicto, problema para obligarle a pensar utilizando las cuatro preguntas de las Autoinstrucciones.
- ✓ **Reforzar** el resultado final de la conducta y el proceso de solución utilizado.
- ✓ **Obligarle** a reconocer y a reforzarse en voz alta las habilidades cognitivas utilizadas.

Aumentar su motivación

- ✓ **Proporcionándole experiencias de éxito**, con el objetivo de que el niño pueda hacer atribuciones adecuadas: «el éxito es debido a mi esfuerzo y no al azar».
- ✓ Favorecer el papel de «**ayudante del profesor**».
- ✓ **Trabajar con la imaginación,** ayudarle y obligarle a recordar hechos pasados, cuál ha sido su actuación y cuál ha sido la consecuencia; ayudarle y obligarle a imaginar todos los futuros posibles.

Ayudarle a reflexionar y a analizar situaciones

- ✓ **Modelado cognitivo**, hacer de modelo que se autoinstruye mientras realizamos cualquier conducta.
- ✓ Entrenarle en la técnica de **solución de problemas**.
- ✓ Fomentar el uso de las **autoinstrucciones.**
- ✓ Instaurar el **diálogo interno, PENSANDO EN VOZ ALTA**.
- ✓ **Cambio a pensamientos positivos** en lugar de derrotistas, autodestructivos o pesimistas, etc.

DA EL GRAN SALTO: ¡PONTE EN SU LUGAR!

¡Qué frustración tan grande!, ¡qué desespero!, y ... ¡qué ganas de tirar la toalla cuando tenemos que aprender una tarea nueva, difícil y costosa para nosotros!

Esto mismo lo dirían algunos al aprender un nuevo programa de ordenador, otros al aprender los pasos de baile del cha cha cha, otros al aprender a conducir.

Nuestro profesor nos ha dicho UNA Y OTRA VEZ LAS INSTRUCCIONES Y PASOS A SEGUIR, y vemos como él lo hace sin dificultad.

Nosotros ¡por fin lo tenemos claro en nuestra cabeza, y somos capaces de decírnoslo en voz alta!: *¿A ver cómo era esto? ... así, ahora esto, ya me acuerdo de todo, ¡lo tengo pillado!*

Pero... ¡cuánta práctica y repetición hasta que lo hacemos bien y nos sale de manera automática, sin pensar, rápida...! ¡y con salero!

¡A LO PRÁCTICO!

La psicóloga de Joan se puso en contacto con su profesora para informarle de que todas las dificultades de su alumno eran debidas a que tenía un TDAH, y no a que ella lo hiciera mal, ni porque los padres se hubieran separado recientemente; que debían trabajar de manera conjunta y coordinada, el colegio, los padres y ella misma para que el niño fuera evolucionando de manera adecuada y haciendo frente a sus dificultades con éxito.

Le facilitó información de qué cosas podía la profesora hacer en el aula, principalmente cambiando la situación estimular y manejando las consecuencias, de forma que sin demasiado esfuerzo para la profesora, y sin cambiar demasiado la dinámica de la clase, Joan fuera controlándose y ajustando su conducta a la situación escolar. Mientras tanto la psicóloga estaba trabajando dos veces por semana con el niño en la adquisición de las estrategias cognitivas que necesitaba, principalmente LENGUAJE INTERNO COMO MEDIADOR DE LA CONDUCTA.

Le facilitó la referencia del programa que estaba utilizando «Habilidades Cognitivas y Sociales en la infancia: Piensa en voz Alta. Un programa de resolución de problemas para niños» de Camp y Bash, y

acordaron que cuando el niño en la consulta aprendiera a controlar conductas mediante las autoinstrucciones (Meichenbaum, 1977), se volvería a poner en contacto con ella para que fuera generalizando el autocontrol del gabinete a las clases, empezando por las conductas que la profesora considerará más convenientes.

Así Joan conoció al OSO ARTURO, y con él aprendió que en cualquier situación, para cualquier actividad, para hacer cualquier tarea, juego o problema tenía que hacerse cuatro preguntas en VOZ ALTA y contestar a esas preguntas:

- ¿Cuál es mi problema o tarea?
- ¿Cuál va a ser mi plan o cómo lo voy a hacer?
- ¿Estoy utilizando mi plan?
- ¿Cómo lo he hecho?

Con Isabel, Joan jugó a «El Gato Copión», a «Los robots programados» a «Simón Dice» y a muchos otros juegos que le sirvieron para hacer mejor las cosas, a cometer menos errores, a darse cuenta de que él no era tonto, a que todos los problemas tienen solución, a estar más contento y a que todo le fuera mejor.

Un día se reunieron los tres, él, Isabel y Matilde, y decidieron que conductas iba a intentar hacerlas mejor:

— No tener encima del pupitre más que lo necesario.

— Anotar en la agenda lo que tiene que hacer en casa.

Joan pensó los planes y a su profesora le pareció bien. Así que fotocopiaron los dibujos del Oso Arturo, los plastificaron y los pegaron en una esquina de su pupitre.

Los planes que pensó y anotó fueron:

Antes de empezar cualquier tarea decirme en voz alta lo que necesito, sacarlo y guardar todo lo demás.

Pedir ayuda a Laura, mi mejor compañera, para que me lo recuerde y me diga tan solo: «JOAN LA AGENDA» y esto me servirá para anotarlo... por si un día no viene Laura me he puesto en la cremallera de mi mochila un cartel fosforito que pone AGENDA.

La psicóloga le dijo a Matilde que ella solo debía hacer dos cosas para favorecer la generalización:

Cuando lo hiciera, es decir, cuando verbalizara en alto, leyera las frases del oso Arturo, realizara bien la conducta que le valorará, le hiciera algún comentario positivo o gesto de satisfacción. Que reforzara tanto el proceso como la conducta en sí.

En caso de que Joan no recordara hacer las AUTOINSTRUCCIONES, que sólo diciendo ella en voz alta o señalándole el dibujo ¿CUÁL ES MI TAREA? funcionaría como estímulo para que Joan continuara la cadena el solo.

Y así lo fueron haciendo: fue un año duro, de mucho trabajo, coordinación y de aprender todos de todos. Pero el resultado mereció la pena.

¿Cuál es mi problema?   ¿Cómo puedo hacerlo?

¿Estoy utilizando mi plan?   ¿Cómo lo hice?

Capítulo

9

Dificultades para demorar las recompensas

9.1. DIFICULTADES PARA DEMORAR LAS RECOMPENSAS

El modelo de aprendizaje instrumental explica que la conducta puede verse afectada, tanto cuantitativa (intensidad y frecuencia) como cualitativamente por las consecuencias que contingentemente le siguen.

Si se quiere que un niño realice una conducta más frecuentemente o que la realice mejor, simplemente dándole una **recompensa contingentemente** a la realización de esa conducta, se conseguirá. Por ejemplo, si se quiere conseguir que un niño tenga ordenado su pupitre, buscaremos algo que a él le guste, le agrade, le sea positivo, lo quiera: una alabanza, un comentario positivo, una gratificación, un privilegio... ser el encargado de borrar la pizarra, de regar las plantas, más tiempo de recreo... y esas consecuencias sólo las conseguirá si ordena la cajonera de su pupitre.

De igual manera si se quiere reducir o eliminar una conducta se asocia contingentemente a la emisión de la conducta, una consecuencia negativa.

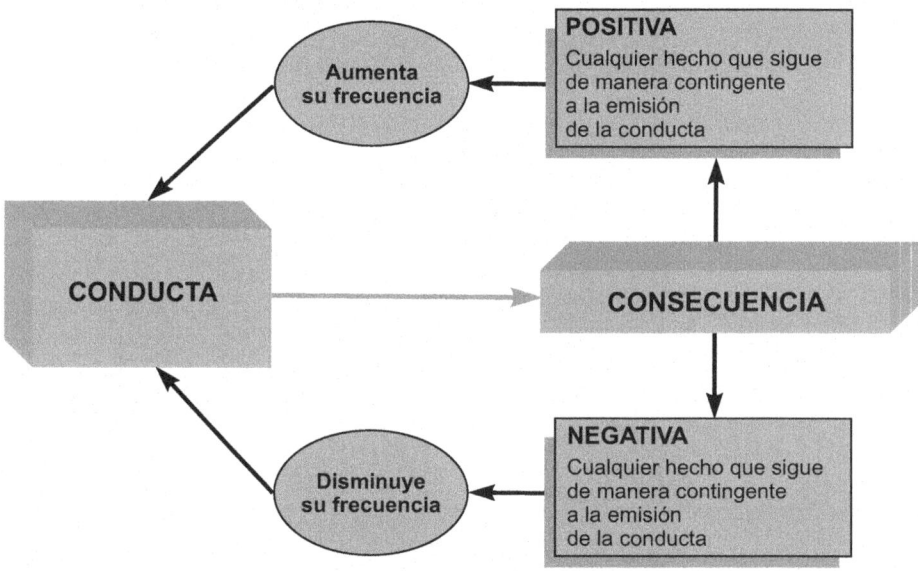

Para que este procedimiento sea eficaz el modelo de aprendizaje instrumental ha estudiado los distintos criterios a tener en cuenta, como son:

- La intensidad y la duración de la consecuencia.
- El tipo de consecuencia: social, material, de actividad.
- El intervalo entre la emisión de la conducta y la consecución de la consecuencia.

- El programa de contingencia:
  ✓ Continuo, si siempre que se emite la conducta se obtiene la recompensa.
  ✓ Intermitente, si no siempre que se emite la conducta se obtiene la recompensa.

Se pueden variar cada uno de estos criterios para conseguir diferentes objetivos en la emisión de la conducta, por ejemplo: que aumente de frecuencia rápidamente, o que el aprendizaje sea más lento pero que se adquiera de manera consistente y no se olvide, que no sea necesario reforzarla siempre que aparezca y sea resistente a la extinción, que la realización de la conducta se convierta en el verdadero refuerzo, que se consiga el refuerzo a largo plazo, o que el refuerzo pase de ser algo externo a algo interno... entre otros. Sin olvidar y teniendo en cuenta otros factores:

Del propio sujeto: edad, desarrollo evolutivo, maduración del sistema nervioso, historia pasada de aprendizaje.

De la conducta a emitir: dificultad de la misma, si ya está en el repertorio conductual del sujeto o no.

9.1.1. ¿QUÉ ES?

Es una consecuencia de la dificultad específica para controlar los impulsos, presentando dificultades para esperar un lapso de tiempo para obtener una recompensa, ya que **necesitan ver satisfechas sus necesidades de forma inmediata**. No pueden esforzarse para conseguir metas a largo plazo, funcionan mejor con un premio pequeño pero inmediato que con otro más importante aplazado en el tiempo. No suelen considerar las consecuencias que a largo plazo tiene su forma de actuar.

OJO DE LA MENTE
Tienen dificultades en recordar qué ha ocurrido en el pasado cuando han realizado esa conducta, tienen dificultades en imaginar qué va a pasar en el futuro si la realizan

Debido a que se centran en los aspectos gratificantes de la situación responden mejor cuando, de forma contingente e inmediata a su comportamiento, reciben una recompensa o pierden los privilegios. Pero aún así tienen dificultades de aprender con las consecuencias, por lo que será necesario para facilitar su aprendizaje no sólo controlar las consecuencias sino modificar el ambiente y la situación estimular para prevenir y conseguir que actúe de forma adecuada y ajustada.

9.1.2. ¿CÓMO SE MANIFIESTA?

- Necesidad de satisfacer inmediatamente sus deseos, incapacidad para demorar el refuerzo debido a la incapacidad para controlar sus emociones.

- **Pobre y escaso manejo de la anticipación:** les resulta difícil «saber» con antelación lo que sucederá, aunque sea en un futuro inmediato. Presentando dificultades para saber cuál será el premio por su acción.

- Parecen insensibles a un sistema de recompensas o castigos. Parece que las consecuencias son poco eficaces.

- Baja tolerancia a la frustración.

Aunque no hay que dejar de reforzar o castigar de manera inmediata, hemos de tener presente que con el refuerzo y el castigo no se obtienen en los niños con TDAH resultados tan sorprendentes como en niños sin el trastorno.

9.1.3. ¿QUÉ CONSECUENCIAS TIENE?

- La demora tiene a veces como consecuencia la pérdida de control.

- Disminuye la motivación al presentar poca sensibilidad hacia los reforzadores del ambiente, que suelen motivar para el trabajo, para inhibir comportamientos y mantenerse en las tareas.

© ITES-Paraninfo

- Se frustran en exceso cuando no aparecen las recompensas anticipadas o inmediatas.
- Tienen problemas para plantearse y lograr metas a largo plazo, debido a la dificultad para anticipar los resultados y demorar el refuerzo.
- Creación de un círculo vicioso:
  - ✓ Actúan inadecuadamente.
  - ✓ Como no actúan bien, no se les refuerza.
  - ✓ Como no se les refuerza, no aprenden.

DA EL GRAN SALTO: ¡PONTE EN SU LUGAR!

Tu empresa tiene problemas económicos. Eres un alto cargo y consideran que por tu madurez, dedicación e implicación vas a ser capaz de seguir trabajando uno y otro mes... a pesar de no recibir tu sueldo y sin informarte de cuándo lo harán.

Esperan de ti que no cambies tu productividad puesto que es tu obligación.

DA EL GRAN SALTO: ¡PONTE EN SU LUGAR!

Es verano. Estás practicando tu deporte favorito: tenis. Tu compañero es muy bueno y tienes ganas de ganarle... así que estás jugando duro y luchas todas las pelotas... se van alargando los juegos y cada vez estás más cansado, hace más calor, y ya solo piensas en terminar y tomarte un gran trago de refresco helado... y así ocurre: terminas ¡Ganas! Y buscas impacientemente en tu bolsa la moneda mientras te vas acercando a la máquina, metes el euro... ya salivas... ya casi notas las burbujas refrescantes en tu paladar... oyes como la máquina se traga la moneda y empieza a hacer ruidos... esperas impaciente tu bote... y en ese momento pasa un empleado del club que, como si cualquier cosa, te dice que la máquina está estropeada y que hay una avería general y en todo el recinto no hay nada para beber !!!

© ITES-Paraninfo

9.1.4. ¿QUÉ PODEMOS CAMBIAR PARA FAVORECER LA DEMORA DE RECOMPENSAS?

Aumentar su motivación

- ✓ Comenzar **bajando** nuestro nivel de **exigencia**. Permitir el murmullo y permitir el movimiento.
- ✓ Utilizar **recompensas** que resulten verdaderamente **atractivas** para estos niños.
- ✓ **Proporcionarles experiencias de éxito** para que puedan obtener reforzadores y que aprendan a percibir que las consecuencias dependen de su conducta.
- ✓ No tienen automotivación, por eso es importante recompensarles en el entorno inmediato, **ganar el doble:** el terminar una tarea ya es una ganancia, más el premio como consecuencia de la conducta adecuada.
- ✓ **Darles más** *feedback,* darles información sobre su acción de manera frecuente («lo estás haciendo bien o mal...»).
- ✓ **Comenzar por los premios,** no por los castigos. De por sí son unos niños que están más castigados que otros. El castigo sólo funciona si es muy inmediato.
- ✓ **Trabajar con la imaginación,** ayudarle y obligarle a recordar hechos pasados, cuál ha sido su actuación y cuál ha sido la consecuencia; ayudarle y obligarle a imaginar lo más vívidamente posible el futuro.

Manejo de contingencias

- ✓ **Programar y acordar** el uso del **costo de respuesta** para facilitar la inhibición de la conducta inadecuada.

Ayudarle a mantener la motivación

- ✓ **Recordarle** con frecuencia **qué puede esperar** tras su esfuerzo.

Control de estímulos

- ✓ Poner **recuerdos visuales** (mediante dibujos, *post-it* o escritos) **de las recompensas** que puede obtener en lugares donde los vea con frecuencia como el cuaderno, el pupitre o la cajonera.

© ITES-Paraninfo

- **Marcadores de tiempo,** no tienen conciencia del tiempo por lo que no sirve darles más tiempo porque lo perderán igualmente. El tiempo hay que convertirlo en algo real con relojes, temporalizadores, cronómetros, relojes de arena...

¡A LO PRÁCTICO!

Javier, profesor de Alberto de ocho años está desesperado. Además de Alberto, que está diagnosticado de TDAH, está convencido que dos o tres niños más también lo son, así que tiene una clase «movidita». En algunas actividades, como por ejemplo en música, las dificultades para que se controlen son enormes, como para que se estén quietos y atentos, y sigan instrucciones.

El hecho de que tengan que atender a estímulos auditivos, la necesidad de que estén en silencio para oír la música, el tener en sus manos instrumentos normalmente de percusión es una combinación explosiva.

Ha probado de todo, castigarles, premiarles, dejarles que se «desfoguen y se agoten» y casi nada era eficaz. En ocasiones la idea de conseguir un premio les excitaba más, si no lo conseguían se frustraban y perdían el control y el resto de la clase casi se portaban peor... ¡ya no sabía que hacer!

Lamentándose con los compañeros y con la orientadora recordaron un curso de «Modificación de conducta en el aula» que realizaron tiempo atrás, y recordaron una técnica que, aunque no iba dirigido a este tipo de trastorno, pensaron les podía servir.

La técnica se llamaba COSTE de RESPUESTA y nunca la habían utilizado porque la veían más complicada de poner en marcha y de llevarla a cabo que el refuerzo, la extinción, el tiempo fuera, pero como ya no veían salida, se pusieron manos a la obra, y diseñaron los pasos a seguir:

1. Realizaron una lista de actividades muy atractivas para los niños con dificultades y también para el resto de la clase: más tiempo de recreo, más tiempo de puesta en común, dejar los diez últimos minutos de la clase para escuchar la música favorita de ellos.

2. Cada día antes de empezar la hora de música anotaba en la pizarra el PREMIO que YA tenían, y también como lo iban a perder:

- Si no se callaban o dejaban de hacer ruido, ante la orden de SILENCIO.

- Si no estaban todos sentados y sin tocar el instrumento, ante la orden de SENTADOS Y QUIETOS.

3. También pensaron el número de fallos posibles permitidos, partiendo del nivel de dificultad de la clase, de forma que los primeros días el número de fallos permitidos fuera lo suficientemente alto como para que obtuvieran el refuerzo y la disminución de los conflictos significativa. Decidieron que siete sería el máximo permitido.

4. Una vez fijado ese número, dibujó en la pizarra siete caras que iría tachando si no obedecían la orden.

5. Explicó el juego a los alumnos, diciéndoles que cada día toda la clase tendría un premio de entre una lista enorme, que solo lo conseguirían si eran capaces de cumplir dos órdenes, que como esas órdenes eran difíciles de cumplir a la primera, les daría diferentes posibilidades de fallos. Siempre y cuando al terminar la clase no estuvieran todas las caras tachadas lo disfrutarían.

6. Por último tuvieron bien claro que tendrían que ir modificando el número permitido de fallos conforme se fuera avanzando.

Realmente todo su esfuerzo funcionó. A posteriori se dieron cuenta de la cantidad de cosas que tenía esta técnica para que resultara ser tan eficaz:

- UTILIZACIÓN DE UNA ORDEN VERBAL APOYADA CON UNA IMAGEN.

- IMAGEN VISUAL COMO RECORDATORIO E INFORMACIÓN.

- UTILIZACIÓN DEL REFUERZO Y NO DEL CASTIGO.

- NO FRUSTRACIÓN ANTE FALLOS, *¡¡Todavía lo podemos conseguir!!!!!!!!*

- COHESIÓN DE GRUPO, TODOS DISFRUTAMOS.
- CAMBIO DE ACTITUD DE LOS COMPAÑEROS ANTE LOS NIÑOS CON DIFICULTADES.

Javier, además de la tranquilidad de poder trabajar, de disfrutar de las clases de música, en el siguiente curso al que asistió de Modificación de Conducta, contó su experiencia y animó a sus compañeros a que pusieran en práctica la técnica.

Las consecuencias positivas y negativas deben ser inmediatas. Además se les puede ayudar, antes de actuar, a recordar lo que pasó en otras ocasiones anteriores y propiciar el que imaginen lo que podría pasar en el futuro.

© ITES-Paraninfo

Capítulo

10

Inhabilidad motora

10.1. INHABILIDAD MOTORA

Gracias a la actividad motriz el individuo explora y reorganiza el medio. La habilidad motora se desarrolla desde una edad muy temprana, interaccionando con el medio para realizar grandes movimientos como la capacidad de desplazamiento, saltar, ir a la pata coja, etc., como la realización de movimientos finos implicados en actividades como coger la cuchara, usar el lápiz o utilizar el martillo que requieren mayor precisión.

A la vez que nosotros interaccionamos con el medio recibimos información sobre las capacidades que tenemos (p. ej., si somos capaces de correr sin caernos), configurando la imagen que tenemos de nosotros mismos (p. ej., si somos o no hábiles), y en función del autoconcepto así actuamos: por ejemplo, como te crees torpe y te sientes torpe no te apuntas al equipo de fútbol. Esto repercute en las probabilidades de que repitamos o evitemos determinadas actividades, esta decisión influye en las oportunidades de practicar y en la motivación en aprender esa habilidad («*Al final, si me creo torpe, no me esfuerzo para practicar y aprender*»).

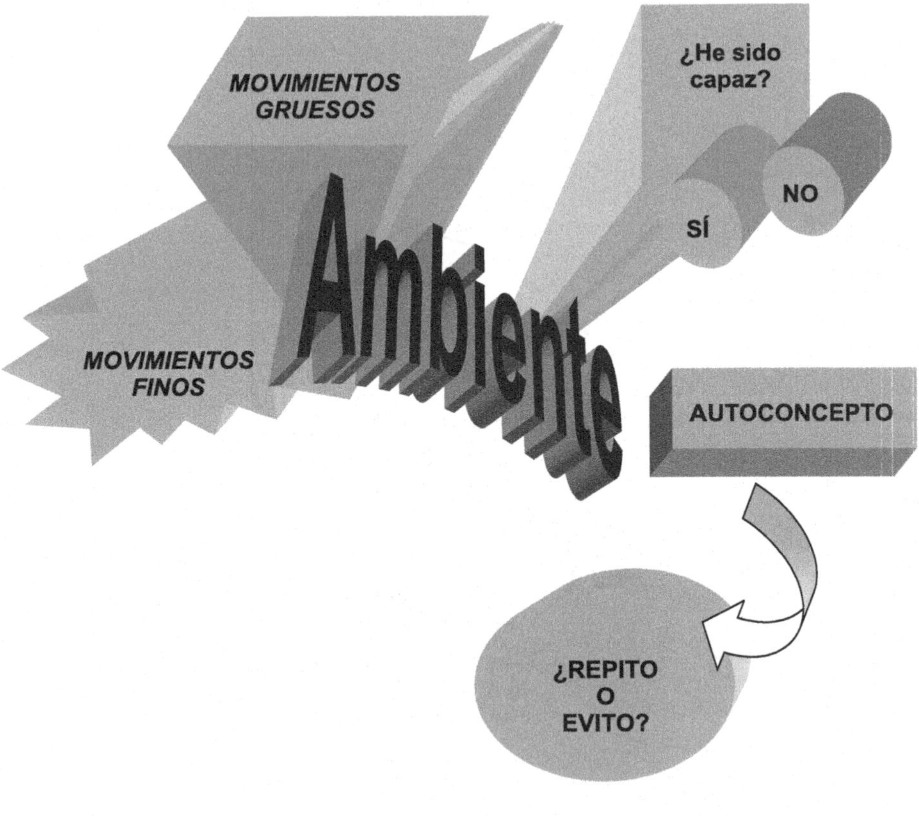

© ITES-Paraninfo

10.1.1. ¿QUÉ ES?

Presentan una menor capacidad en la ejecución o en la precisión de los movimientos, en relación con lo esperable según el momento evolutivo en el que se encuentran.

Muy a menudo estos niños presentan una precocidad en el desarrollo motor pero con una psicomotricidad poco armónica.

10.1.2. ¿CÓMO SE MANIFIESTA?

- Dificultades en la motricidad gruesa, por ejemplo, para mantener el equilibrio, o tienen dificultades para realizar movimientos coordinados.

- Dificultades en la motricidad fina que se observan en el uso del lápiz, tijeras, cuadernos, sacapuntas, manualidades en general, dibujo, caligrafía, etcétera.

10.1.3. ¿QUÉ CONSECUENCIAS TIENE?

- Brusquedad.
- Frecuentes tropezones y/o caídas.
- Golpes.
- Roturas de objetos.
- Dificultades en las asignaturas que requieren una habilidad motriz importante.

© ITES-Paraninfo

- Sus trabajos escolares aparecen sucios, frecuentemente rotos (al borrar con falta de control, apretar mucho el lápiz, arrancar las hojas al abrir o cerrar libros, etc.).
- Su material escolar, frecuentemente, está deteriorado.
- Aspecto descuidado para peinarse, abrocharse, atarse los zapatos, etc.

DA EL GRAN SALTO: ¡PONTE EN SU LUGAR!

Imagínate que te piden que te vistas (cosa que sabes hacer muy bien) pero... CON GUANTES DE BOXEO y metiéndote prisa porque llegas tarde. ¿No te desesperarías y dejarías algo sin atar o abrochar?

10.1.4. ¿QUÉ PODEMOS CAMBIAR PARA MEJORAR LA INHABILIDAD MOTORA?

Evitar el autoconcepto negativo

✓ No etiquetar ni hacer juicios de valor sobre su comportamiento, ser conscientes de que no lo hacen adrede.

✓ **Destacar sus cualidades** y propiciar el éxito.

Facilitar la adquisición de habilidades psicomotrices adecuadas

✓ Entrenamiento específico en **psicomotricidad**: recortar, colorear, calcar, plegar, contornear figuras, hacer rompecabezas, jugar con canicas, pintar con los dedos, trazados deslizados...

✓ **Enseñarle a realizar las tareas muy lentamente**: «como si fuéramos a cámara lenta».

✓ Realización de pequeñas **tareas de la clase** que le supongan también entrenamiento y motivación.

✓ **Establecer metas** y actuar contingentemente con su consecución.

A tener en cuenta:

Algunas de estas manifestaciones son secundarias al TDAH no son el objetivo prioritario de intervención, porque trabajando sus deficiencias principales, (atención, impulsividad, hiperactividad) éstas otras pueden mejorar.

Es importante tenerlas en cuenta para evitar el autoconcepto negativo, para evaluar su evolución y si fuera preciso, derivar al tratamiento correspondiente.

¡A LO PRÁCTICO!

María siempre obtiene malas puntuaciones cuando presenta sus cuadernos y libros de trabajo, suele tener páginas colgando, hojas arrugadas y, a veces, de la página 10 pasa a la 14.

Observamos que cuando utiliza los libros pasa las hojas con rapidez y brusquedad, le cuesta controlar los movimientos más precisos. Para evitar el deterioro del material y favorecer el autocontrol de sus movimientos le propusimos un juego: «ir a cámara lenta».

Se trata de ir tan despacio como pueda a la hora de pasar las páginas; pasar una a una y ver las distintas posiciones de la hoja cuando hace la media luna: tumbada, levantándose, de pie y volviéndose a acostar en el otro lado.

Además le pedimos que trajera cuadernos nuevos con la idea de que viera de forma inmediata que si seguía el juego su cuaderno se mantendría «como nuevo», sin picos de las hojas saliendo o sin bultos por las hojas arrugadas.

La profesora le ponía puntos especiales por haber conseguido jugar todas las semanas.

Además aprovechamos que iban a hacer el regalo del día de la madre para utilizar el juego en otra situación en la que favorece el entrenamiento de la motricidad fina: recortar con tijeras. Hemos visto que otras veces cuando María tiene que utilizar las tijeras éstas se le caen, se le tuercen, doblan y arrugan el papel, no cortan, etc. Cuantas más dificultades se encuentra, más enfadada y nerviosa se pone e intenta ir más rápido para ver si así lo consigue.

© ITES-Paraninfo

La profesora animó a María a seguir jugando, el regalo quedó más bonito, ella se puso muy contenta y además se animó a seguir practicando con las tijeras.

Para favorecer que María mejore el control de sus movimientos, le propusimos a la profesora que durante las tutorías practicaran juegos de relajación y autocontrol como:

- «El árbol balanceado por el viento»: con los ojos cerrados mueve lentamente los brazos y el cuerpo como si fuera un árbol balanceado por el viento. Unas veces soplará más fuerte que otras y ajustaremos nuestra velocidad a la circunstancia.

- «Globo»: se trata de inflar un globo lo más lentamente posible, dejando que salga disparado cuando se desinfle. Después el niño tendrá que inflarse y desinflarse como el globo: lentamente.

- «La sombra»: se trata de ser capaz de imitar o representar los movimientos muy lentos de otra persona, como una flor que abre, una serpiente, un búho, una marioneta.

La profesora los introdujo y observó que servían tanto para mejorar el control de su cuerpo como para estar más relajados, por ello, empezó a utilizarlos cuando veía que estaban inquietos y «revolucionados».

© ITES-Paraninfo

Capítulo

11

Relaciones sociales

11.1. RELACIONES SOCIALES PROBLEMÁTICAS

El comportamiento social de un niño juega un papel vital en la adquisición de gratificación obtenida de la relación con los compañeros y con los mayores, pero también permite que el niño asimile los papeles y normas sociales que hay establecidos en las diferentes situaciones y contextos, como en el colegio, en un museo, etc.

Entendemos que un niño tiene buenas habilidades sociales o un comportamiento social adecuado cuando tiene un repertorio de comportamientos verbales y no verbales a través de los cuales los niños influyen en las respuestas de otros individuos (compañeros, padres, hermanos y maestros) en el contexto interpersonal. Este repertorio actúa como un mecanismo a través del cual los niños inciden en su medio ambiente obteniendo, suprimiendo o evitando consecuencias deseadas y no deseadas en el ambiente social en la medida que tienen éxito para obtener las consecuencias sin causar dolor o malestar a los demás.

Estas habilidades se adquieren mediante el aprendizaje (observación, imitación, ensayo y consecuencias). En este proceso es importante que el niño sea capaz de entender las señales del ambiente (qué me dicen, cómo me lo dicen, qué cara ponen, cómo es el tono y volumen de su voz, etc.) y analizar las consecuencias de sus actos para poder adaptar el comportamiento a las diferentes situaciones.

También hay que tener en cuenta que es un proceso recíproco, donde el comportamiento del niño influye en los otros y el de los otros en el niño, por ejemplo, ante un halago recibo palabras agradables de agradecimiento, no un grito.

Nuestro comportamiento será adecuado o inadecuado si se ajusta a la situación, si es eficaz en la consecución del objetivo por el que se realiza la acción, y si sus consecuencias obtienen el máximo beneficio con el mínimo coste.

Nuestro sistema de comunicación está compuesto de un conjunto de elementos expresivos, receptivos e interactivos, que se van combinando y ajustando a cada situación. Por tanto las dificultades en la relación con otros pueden estar explicadas por distintos déficits en las siguientes áreas:

© ITES-Paraninfo

ELEMENTOS		EJEMPLOS DE CONDUCTAS INADECUADAS
EXPRESIVOS ¿Qué se dice? ¿Cómo se dice?	**Verbales** (contenido del habla)	Expresiones vagas, respuestas monosilábicas, hablar en exceso de uno, muletillas, insultos.
	Paralingüísticos (volumen, tono, fluidez)	Voz temblorosa, tartamudeo, hablar gritando, entonación monótona.
	No verbales (mirada, expresión, gestos, postura, proximidad, apariencia...)	No mirar al que habla, inexpresividad facial.
RECEPTIVOS ¿Qué han dicho?	**Atención** (prestada al interlocutor)	Pensar en la respuesta en vez de escuchar al que habla.
	Percepción (de los elementos expresivos del interlocutor)	No percibir el tono irónico en los elogios del interlocutor.
	Evaluación (valoración respuestas sociales del interlocutor)	Evaluar gritos como respuestas agresivas y no como señales de nerviosismo del interlocutor.
INTERACTIVOS ¿Cuánto se habla? ¿De qué manera se habla?	**Duración de la respuesta** (o de la proporción de tiempo)	Acaparar la conversación.
	Turno alternante (regulado por señales como contacto ocular, variaciones entonación...)	Hablar simultáneamente, interrumpir repetidas veces.

11.1.1. ¿QUÉ ES?

Las deficiencias de atención y de los procesos cognitivos del TDAH impiden la correcta comprensión de las señales o indicadores «claves» para el buen desarrollo de las interacciones sociales y el conocimiento de las reglas que regulan estas interacciones.

Además tienen dificultades para controlar sus impulsos y seguir las normas, pueden ser bruscos o torpes, se mueven en exceso, dan respuestas inadecuadas, etc. Todo ello se complica si tenemos en cuenta el bajo control de sus emociones.

Y por último, están las dificultades para generar alternativas en la resolución de problemas.

No se trata tanto de la dificultad motora a la hora de ejecutar una conducta socialmente adecuada (la propia habilidad), sino todo el proceso cognitivo previo a la hora de actuar, ajustándose a la situación y con un objetivo adecuado a la misma.

Estas dificultades provocan interacciones conflictivas, desencadenando percepciones más negativas y de mayor rechazo hacia él. El problema se acentúa cuando se enfrentan a situaciones donde las señales sociales son ambiguas o cambiantes.

11.1.2. ¿CÓMO SE MANIFIESTA?

Lo más común es que se observe un rechazo de sus compañeros debido a:

- Su exceso de actividad interfiere con la vida cotidiana de los demás.
- Su desinhibición les lleva a comportamientos inadecuados, generalmente exagerados o no adecuados al contexto.
- Su falta de control motor le lleva a mostrar comportamientos bruscos.

- La frecuencia de los accidentes que provoca o de los problemas en los que se involucra, favorece que se les perciba como violentos o incontrolables.

- Suelen adoptar una estrategia de respuesta determinada y la siguen manteniendo aunque las demandas de la situación exijan modificarla.

- Emociones extremas y desajustadas.

11.1.3. ¿QUÉ CONSECUENCIAS TIENE?

Con frecuencia son considerados como: torpes, agresivos, malos estudiantes, desafiantes, incontrolables, poco cuidadosos y ruidosos, poco tratables, mal educados.

- El niño es rechazado por sus iguales debido a que no comprenden su forma de actuar, y que es algo involuntario y difícil de controlar para el niño con TDAH.

- Puede producirse un aislamiento voluntario.

- Puede desarrollar sintomatología de tipo internalizante, como son: baja autoestima, pobre autoconcepto, somatizaciones, bajo estado de ánimo, etc.

 DA EL GRAN SALTO: ¡PONTE EN SU LUGAR!

¿Tienes claro la necesidad imperiosa de conocer perfectamente las claves verbales y no verbales que rigen el juego del mus?, ¿Crees acaso que podrías jugar si no fueras capaz de atender a lo que tu compañero te dice y te hace? ¿De atender a lo que tus contrarios se transmiten, y de comunicar las cartas que tú tienes a tu compañero, sin que los otros se enteren?

¿Te imaginas que además de todo ese proceso de atención te hubieran explicado algo mal, o se te olvidara a mitad de la partida el significado de levantar las cejas, guiñar el ojo, sacar la lengua o morderse el labio?

¿Alguien te querría como compañero? ¿Cómo reaccionarían los amigos con los que estarías jugando?

© ITES-Paraninfo

11.1.4. ¿QUÉ PODEMOS CAMBIAR PARA MEJORAR SUS RELACIONES SOCIALES?

Evitar el autoconcepto negativo

- ✓ **No etiquetarle** como molesto o agresivo.

- ✓ **Dejarle que se explique** cuando haya estado involucrado en un accidente o altercado con otra persona.

- ✓ **Mostrar los puntos fuertes y débiles** como parte de las diferencias individuales con todo el grupo.

- ✓ **Actuar y no hablar,** los sermones no sirven. De lo que se trata es de manejar su conducta.

- ✓ **Perdonar** al niño y sus errores, seguro que saldrá mejor mañana.

- ✓ **Enseñarle a perdonarse a sí mismo** por... hacerlo mal, no poder, no querer...

- ✓ **Buscar una cualidad o destreza** que le haga especial y **potenciarle ese rol** dentro del grupo (intrépido, rápido, fuerte...).

Ayudarle a reflexionar y analizar las situaciones

- ✓ **Entrenarle** en la técnica de resolución de problemas.

- ✓ **Ofrecerle alternativas** a su conducta.

- ✓ **Mediar** ante sus conflictos, haciendo de modelo de resolución de problemas.

- ✓ **Dinámicas grupales o debates** sobre situaciones conflictivas y resolución de problemas interpersonales.

Mejora de sus habilidades sociales

- ✓ **Entrenamiento** en conductas adecuadas en las relaciones sociales: hacer peticiones, pedir ayuda, reconocer dificultades, admitir errores, saber demostrar sus sentimientos de enfado, rabia, etc.

© ITES-Paraninfo

Hay que decir, que en muchas ocasiones, los niños hiperactivos con una sintomatología menos grave o de mayor edad (en los cuales ya ha ido disminuyendo la intensidad de las manifestaciones) pueden ser líderes de sus grupos, al presentar características inherentes a ese rol: actividad, iniciativa, menor evaluación de las consecuencias, etcétera.

¡A LO PRÁCTICO!

Natalia es una niña de doce años que acude al psicólogo porque el profesor y sus padres, se han dado cuenta de que está muy triste, muy decaída, apenas habla, no tiene amigas, ha bajado su rendimiento, está sola en el recreo, etc.

En la entrevista con la niña, se van evaluando todas las dificultades y se encuentra que ella está más desanimada y frustrada ante su falta de amigas, aspecto por el que ella se encuentra motivada hacia la terapia y pide ayuda al profesional.

La niña es consciente del rechazo que sufre en la clase, no quieren ponerse con ella a hacer los trabajos que mandan, no la invitan a ningún cumpleaños, no juegan con ella en el patio, no se quieren sentar con ella (si pueden elegir), etc.

Ella ha intentado poner remedio a esto probando sus distintos trucos:

- Hacer todo lo que la dijeran que hiciera: «ve a donde está Juan y dile que es tonto».

- Hacer tonterías para que se rían, considerándola graciosa y haciéndose un hueco.

- Copiar lo que hacen otros para ser admitida.

- La pillaban siempre a ella.

Pero todos sus esfuerzos han sido en vano y ahora se siente impotente, pensando que:

«*No tiene solución, es culpa mía, mi vida es un asco, primero lo de ir mal en los estudios, luego las broncas constantes en casa, luego asumir que "a ti te pasa algo", "que eres diferente", "luego que si una pastillita, luego no", luego más sola que la una, y ahora no solamente sola, sino que no "te aguantan" ¿alguien da más?*»

Estaba claro que tocaba trabajar las habilidades, pero ANTES había que trabajar en la resolución de problemas sociales, cómo resolver las pequeñas dificultades cotidianas que da la convivencia con otros.

Cada situación vivida por tonta que fuera era llevada a la consulta y analizada en clave de Resolución de Problemas:

- Qué ha pasado.
- En qué me fijo para saberlo.
- Qué explicaciones le doy.
- Qué papel juego yo en ello.
- Qué quiero conseguir.
- Qué soluciones se me ocurren.
- ¿Cuál es la mejor? ¿Con qué criterios evalúo cuál es la mejor?
    - ✓ Es eficaz.
    - ✓ Es justa.
    - ✓ Crea buenos sentimientos.
    - ✓ Es segura.

Este método fue ayudando a Natalia a PENSAR mejor en todo lo que pasaba alrededor con sus iguales, incluso con los adultos, podía ir enlazando causa y consecuencia, evaluar su conducta e ir aprendiendo de sus errores.

Ello completado con el conocimiento del plan por el tutor, para que en sus tutorías individuales pudiera también acudir a él si acontecía alguna situación social a resolver, ayudó mucho a la generalización de las estrategias.

© ITES-Paraninfo

También Natalia participó en un grupo de HABILIDADES SOCIALES en el centro al que acudía, donde con otros niños de edad similar compartió sus experiencias y aprendió de/y con los otros.

Pronto fue consiguiendo pequeños logros a la hora de hablar con sus compañeros, pedir cosas de material, los deberes, comenzar a hablar con alguien, disculparse, comenzar a participar, compartir sus cosas, contar algo personal, interesarse por cómo está el otro, hacer y recibir críticas.

Por supuesto esto cambió su estado de ánimo, su autoconcepto, como decía Natalia:

«Esto ha cambiado mi vida».

A VECES LAS DIFICULTADES EN LA INTERACCIÓN SOCIAL VIENEN OBSTACULIZADAS POR LA IMPULSIVIDAD Y LA DIFICULTAD EN EL CONTROL MOTOR (*«te quieren dar un abrazo y demostrar lo mucho que te quieren y te hacen daño, te zarandean, te tiran al suelo...»*)

Y POR ELLO, SE LES MALINTERPRETA Y SE LES RECHAZA.

¡A LO PRÁCTICO!

Luis tiene mucha fuerza y le cuesta controlarla, muchas veces aparta con fuerza a los otros niños y como consecuencia les hace daño; esto ocurre con más frecuencia cuando juegan al fútbol en el recreo, aunque también lo han observado cuando va por el pasillo o cuando practica gimnasia.

Observamos que regañaban a Luis prácticamente todos los días y muchas veces los compañeros le culpaban cuando no sabían quien había sido. Sus propios compañeros no querían jugar con él y le llamaban «el boxeador». Luis no comprendía por qué no querían jugar con él, se enfadaba cada vez más, y comenzó a pelearse con los niños en el patio.

Nos dimos cuenta que este niño estaba etiquetado por sus compañeros y por algunos profesores, y con mucha frecuencia le decían que era muy bruto, se quejaban de que molestaba o de que dificultaba adrede el juego. Pero cuando le preguntaban a Luis, éste juraba y

© ITES-Paraninfo

perjuraba que no lo hacía aposta, y que siempre le echaban la culpa a él, que nadie le preguntaba lo que había pasado.

Por lo tanto, el problema no se solucionaba regañándole, él se sentía peor y se comportaba cada vez de forma más inadecuada («total, me van a regañar por algo»).

Para ayudarle lo primero que hicimos fue acordar con su profesora que mediara en los conflictos, para ello escucharía a las dos partes, les ayudaría a buscar una solución o alternativa al problema y estaría pendiente de que se llevara a cabo. Por ejemplo, jugando al fútbol, Luis corría mucho y chocaba con un compañero, llegándole a empujar y tirándole al suelo.

Ante estas situaciones, el profesor mediador:

1. Escuchaba a las dos partes.
2. Impedía la utilización de descalificativos como bruto, animal, bestia...
3. Pedía que el responsable pidiera perdón al otro.
4. Atendía y supervisaba que se hiciera adecuadamente.

Además nos pareció buena idea buscar con Luis una alternativa para evitar que chocase con los compañeros: cuando estuviera jugando al fútbol avisaría a sus compañeros que iba a por el balón, para ello acordamos que diría «!es mía!, voy a por la pelota», de esta forma no chocaría ni empujaría a nadie porque los compañeros tenían tiempo para reaccionar. Este truco se lo recordaba un compañero elegido por Luis antes de jugar un partido de fútbol.

Al ver el éxito de este truco lo utilizamos también en otras situaciones en las que tenía dificultades como ir por los pasillos cuando había mucha gente o a la salida del cine, en estas situaciones el aviso consistía en pedir por favor que le dejaran pasar.

Para evitar los descalificativos de sus compañeros se les explicó que todos somos diferentes y que Luis era más rápido viendo el balón y que al verlo era capaz de salir muy rápido a recuperarlo, así sus compañeros querían que formase parte de sus equipos cuando hacían deporte, jugaban al baloncesto o voleibol, porque resultó ser uno de los más rápidos del colegio.

En este caso el psicólogo identificó y nos explicó el problema de Luis, creamos soluciones, realizó un trabajo de coordinación con el tutor y un trabajo individual con el chaval.

© ITES-Paraninfo

Capítulo

12

Dificultades de aprendizaje

12.1. DIFICULTADES DE APRENDIZAJE

El fenómeno del aprendizaje supone una serie de operaciones cuyo fin es la acumulación de datos a largo plazo que puedan ser utilizados de nuevo. Este proceso depende básicamente del fenómeno de la atención que permite pasar las experiencias a la memoria, lo que supone un almacenamiento de datos y por tanto su consolidación.

Para ello se reconoce el estímulo, hay que comprender su significado y decidir si es interesante para almacenarlo, y ello supone organizar los estímulos en el cerebro. Por lo tanto, el procesamiento de datos o aprendizaje es un proceso activo cognitivo mediante el cual añadimos nueva información a la previamente almacenada, siendo necesaria la capacidad de ordenación y utilización de estos datos.

El proceso de aprendizaje no se limita a un esfuerzo de retención de contenidos mediante una deliberada repetición, sino que es un proceso continuo que opera sobre todos los datos que alcanzan un cierto umbral de significación y en el que es necesario utilizar las diferentes capacidades cognitivas.

Otro elemento que se pone en juego cuando hablamos de aprendizaje es la CAPACIDAD INTELECTUAL del niño, para lo que tendremos en cuenta un análisis multifactorial de la misma, como nos propone

Wechsler: «*La inteligencia tiene una estructura jerárquica con diversas aptitudes específicas agrupadas en campos cognitivos más amplios*».

Recordemos que según la nueva estructura general del WISC-IV «Escala de Inteligencia para niños de Wechsler» (2005), TEA Ediciones, la medición de la Inteligencia se nos propone con una estructura general de cuatro factores.

COMPRENSIÓN VERBAL: aptitudes verbales, tanto de razonamiento, comprensión o conceptos. Lo que antes llamábamos Cociente Verbal.

RAZONAMIENTO PERCEPTIVO: razonamiento Perceptivo y organización, que antes era el Cociente Manipulativo.

Estos dos componen el **RAZONAMIENTO FLUIDO** que consiste en el manejo de conceptos abstractos, reglas generalizaciones y relaciones lógicas.

MEMORIA DE TRABAJO: (antes independencia de la distracción). «Es la capacidad de mantener información activa en la conciencia, realizar algunas operaciones manejando dicha información y producir con todo ello ciertos resultados». Es un componente esencial del razonamiento fluido y de otros procesos cognitivos de nivel superior, además de estar directamente relacionada con el aprendizaje y el rendimiento.

VELOCIDAD DE PROCESO: se refiere a la velocidad con la que se procesa la información, está relacionada con la capacidad mental, con el desarrollo y la capacidad de lectura, con el razonamiento por la conservación de los recursos cognitivos y con el uso eficaz de la memoria de trabajo. Hoy este aspecto se considera como un importante campo del funcionamiento cognitivo que es sensible a problemas neurológicos, como la epilepsia, los daños cerebrales y el déficit de atención con hiperactividad.

Con estos cuatro factores se intentan abarcar **la capacidad del sujeto para comprender el mundo que le rodea y el conjunto de recursos con que cuenta para afrontar los retos que se le presentan.**

Los niños que obtienen resultados menores a la media en alguno de estos factores se encuentran en inferioridad de condiciones aptitudinales de cara al aprendizaje.

© ITES-Paraninfo

12.1.1. ¿QUÉ ES?

Es muy frecuente que las dificultades que estos niños presentan (impulsividad, dificultades atencionales, problemas de autocontrol y de persistencia en las tareas) afecten a la adquisición de los aprendizajes escolares, independientemente del nivel intelectual que se tenga.

Los niños hiperactivos con problemas de aprendizaje respecto a niños sin este trastorno presentan una diferencia muy significativa obteniendo menores resultados en la Velocidad de Proceso y/o Memoria de Trabajo.

La Memoria de Trabajo: es la memoria a corto plazo con la que se opera, los niños hiperactivos van perdiendo información en la medida que entra otra nueva.

La Velocidad de Proceso: es inadecuada, los niños hiperactivos pueden ir más lentamente de lo que corresponda, porque la información se procesa más lentamente, o es demasiado irregular, o se cometen demasiados errores por la precipitación con la que se contesta, (que tiene que ver de nuevo con la falta de control en la demora de la respuesta).

Sin embargo no se observan tantas diferencias respecto a la Comprensión Verbal y al Razonamiento Perceptivo.

Aparentemente su Cociente Intelectual Total (CIT) obtiene puntuaciones más bajas a la población normal.

Pueden existir niños hiperactivos que no tengan dificultades de aprendizaje específicas, aún éstos suelen obtener peor rendimiento debido a su más lenta Velocidad de Proceso y/o a su Memoria de Trabajo.

12.1.2. ¿CÓMO SE MANIFIESTA?

La repercusión en el aprendizaje es clara:

- Dificultad en demorar la respuesta: estilo cognitivo impulsivo-ineficaz.
- Dificultad en el seguimiento de instrucciones secuenciales.
- Dificultad en persistir en las tareas.
- Dificultad en analizar la información.
- Dificultad de alcanzar el nivel óptimo de concentración.
- Dificultad en la generalización del aprendizaje.
- Dificultad en la motivación y aspectos emocionales claves para el aprendizaje.

© ITES-Paraninfo

Si esto lo trasladamos a las áreas concretas de la enseñanza, pueden verse comprometidos todos los aprendizajes que:

SE ADQUIEREN MEDIANTE TEXTOS

Lectura: pobre comprensión, omisiones, salto de renglón, dificultades en la integración del lenguaje, dificultades para atender a la información más relevante, dificultades para organizar temporalmente la información leída...

Escritura: letras irregulares, tachones, soldaduras, márgenes ondulantes, omisiones, errores ortográficos, presión excesiva al escribir...

SE ADQUIEREN POR EXPLICACIONES ORALES Y ESCRITAS

REQUIEREN SOLUCIÓN DE PROBLEMAS MATEMÁTICOS

Matemáticas: malos resultados al no comprender los enunciados, no recordar lo que se les pregunta, confundir datos relevantes, no diferenciar entre la información que aporta el texto y la información que se desconoce y hay que encontrar, no analizar el signo, cambiar el algoritmo a mitad de operación, errores por la impulsividad, no analizan adecuadamente los datos...

REQUIEREN DE UNA COMPRENSIÓN DE LAS RELACIONES ENTRE IDEAS

A tener en cuenta:

Muchos niños con errores en la escritura son diagnosticados como disléxicos, cuando lo que hay debajo es un trastorno TDAH y estos errores son, en realidad, producto del propio trastorno (atención-impulsividad).

12.1.3. ¿QUÉ CONSECUENCIAS TIENE?

- Se enfrentan a las tareas con muchos *handicaps* y no obtienen por ello ningún reconocimiento, sino al contrario, malos resultados para el esfuerzo dedicado y reproches.

- Disminuye la motivación ante la actividad escolar, esto interfiere con los procesos de memorización y aprendizaje.

- Historia personal de fracasos continuos: suspensos, repetición de curso, convirtiéndose el hecho de aprender en algo aversivo.

- Pobre autoconcepto de sus capacidades.

- Son objeto de todo tipo de «intervención» en pro de la mejora de resultados: profesores particulares, academias, rehabilitación de lenguaje, oral, escrito, técnicas de estudio.

- Les resulta muy costoso, casi imposible, aplicar una técnica de estudio adecuada: programación, organización, control de las distracciones, procesos de síntesis, memorización, autoevaluación de lo aprendido, etc.

- Son muy dependientes de un control externo para realizar las tareas y el estudio.

- Padres que ejercen de profesores y profesores que hacen de padres.

- Sobrevaloración del desarrollo escolar frente a otros aspectos del desarrollo del niño.

- Rechazo escolar, fracaso, absentismo.

 — DA EL GRAN SALTO: ¡PONTE EN SU LUGAR!

¿Serías capaz de resolver un problema si vieras toda la información amontonada? Prueba con la siguiente adivinanza:

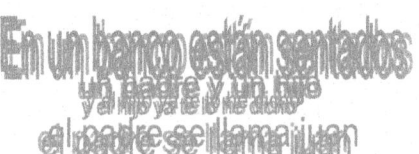

12.1.4. ¿QUÉ PODEMOS CAMBIAR PARA MEJORAR SU APRENDIZAJE?

A continuación transcribimos las aportaciones de Ana Miranda Casas en el I Congreso Nacional de TDAH (Valencia 2005), en su ponencia: «Psicología de la Instrucción: mejora del proceso de enseñanza/aprendizaje de los niños con TDAH».

Aumentar el reconocimiento de palabras

✓ **Enseñar las regularidades del lenguaje** más que la memorización de letras y sonidos.

✓ Actividades para **potenciar la segmentación léxica**, identificación de fonos, omisión de fonos, integración de sonidos en palabras, asociar las diferentes unidades lingüísticas (letras, sílabas y palabras) a una clave externa (como dibujos, colores, movimientos, patada, palmada...) que ayude al niño a tomar conciencia y mantener la activación durante su aprendizaje.

✓ **Lecturas repetidas, las lecturas conjuntas y las lecturas en sombra** para alcanzar un nivel óptimo de automatización y fluidez.

Aumentar la comprensión de textos

✓ Antes, durante y después de la lectura del texto se pueden seguir estrategias para mejorar su comprensión:

ANTES

- **Activar el conocimiento previo**: ¿qué sé yo sobre lo que vamos a ver?, ¿qué me gustaría saber? Es decir, entrenarles a recordar sobre el tema que se va a trabajar.
- **Visualización** de la información conocida.

DURANTE

✓ **Segmentar los textos largos.**
✓ **Intercalar descansos.**
✓ **Eliminar estímulos distractores.**

DESPUÉS

✓ **Dramatización.**

✓ Utilizar el **procedimiento autoinstruccional** que incluye los siguientes pasos a tener en cuenta antes de leer el texto y mientras se lee. Por ejemplo:

1. ¿De qué va la historia? Identificar la idea principal o más importante.
2. ¿Qué pasa primero y después? Identificar el orden de los acontecimientos o la secuencia que siguen.
3. ¿Qué sintió el personaje principal cuando...? Saber cómo se sienten los personajes y porqué.
4. Además mientras leo debería pensar en lo que estoy haciendo. Y también escuchar lo que me voy diciendo a mi mismo: «Lo que digo ¿es correcto?». «Recuerda que no hay que preocuparse por los errores». «Volveré a intentarlo». «Tengo que mantener la tranquilidad y la calma». «Cuando tenga éxito, me sentiré orgulloso y disfrutaré del trabajo realizado».

✓ Potenciar **procedimientos colaborativos que implican un diálogo** con los estudiantes o del tipo profesor-alumno sobre los párrafos de un texto leído previamente: el conocimiento y análisis de la comprensión de las palabras, integrar la información del texto con los conocimientos previos, analizar la información literal, analizar las inferencias anafóricas y las basadas en el conocimiento previo, y la elaboración de macroideas.

✓ Acompañar de **premios**.

Disminuir las dificultades en escritura

✓ Para mejorar los problemas en la motricidad pueden realizarse **secuencias de ejercicios de preescritura** como técnicas no gráficas como recortar, pintar con los dedos, pegar, calcar, colorear, plegar, hacer rompecabezas, jugar con canicas...; técnicas pictográficas como la pintura, dibujo libre y arabescos (trazos continuos que no representan un objeto determinado); técnicas escriptográficas como los trazados deslizados, los ejercicios de progresión en un plano vertical y horizontal.

✓ Enseñar las letras y grupos de letras por aquellas que impliquen **realizar movimientos similares** (por ejemplo, o, a, c, g, q...).

✓ Usar métodos como el **modelado** con pensamiento en voz alta **y la guía física**.

✓ Enfoque multisensorial.

✓ Usar el *modelo que se borra*, que consiste en calcos del mismo modelo pero con partes cada vez más degradadas hasta que ya no se proporciona el modelo. La copia de letras sin sentido se tiene que combinar con palabras significativas.

✓ En niveles de escritura más avanzados pueden aplicarse programas que combinen técnicas de autoinstrucción y de autoobservación, con criterios de calidad de escritura muy precisos, que el estudiante debe autoobservar, valorar y plasmar en registros.

Favorecer la expresión escrita

✓ La **reescritura** mejora las habilidades de redacción. Esta técnica consiste en que los alumnos escriban un texto que acaban de leer o que han escuchado, con el fin de reconstruir el texto e integrar el contenido con las experiencias previas del alumno.

✓ Otros procedimientos son el **andamiaje,** la **tormenta de ideas** con o sin ayuda de dibujos para facilitar el conocimiento del vocabulario y los conceptos, el **listado de tópicos relevantes.**

✓ Apoyarse en las **preguntas «clave»** (qué, cómo, cuándo, dónde y por qué), los **organizadores gráficos** empleados en la comprensión de textos y la enseñanza de las diferentes estructuras textuales.

✓ Usar **tarjetas o fichas para pensar** que incluyen actividades que le ayudan a activar su conocimiento previo y estructurar el contenido.

✓ **Estrategias cooperativas** para mejorar el proceso de revisión del texto:
  1. Estrategia de **revisión del contenido**:
     (a) Escucha a tu compañero y lee al mismo tiempo el texto de tu compañero.
     (b) Di a tu compañero de qué trata el texto y qué es lo que más te gusta.
     (c) Relee el texto de tu compañero.
     (d) Responde a las siguientes cuestiones: ¿Tiene el texto un buen principio, desarrollo y final?, ¿Se sigue una secuencia lógica?, ¿Hay alguna parte en la que se pueden añadir más detalles?, ¿Hay alguna parte que no entiendes?
     (e) Discute tus sugerencias con tu compañero.

© ITES-Paraninfo

2. Estrategia de **revisión de aspectos gramaticales**:
    (a) Escucha mientras tu compañero lee el texto que has revisado.
    (b) Comprueba los cambios que has hecho y decide si es necesario hacer más cambios.
    (c) Relee todas las oraciones del texto de tu compañero.
    (d) Responde a las siguientes cuestiones: ¿Son completas las oraciones?, ¿Están escritas con mayúscula los nombres propios y las palabras iniciales de cada párrafo?, ¿Están escritas correctamente las palabras y las letras?
    (e) Discute con tu compañero los cambios que has hecho.

Mejorar en la numeración y el cálculo

✓ Utilizar cuadernillos de trabajo con formato simplificado en los que aparezcan **pocos ejercicios por página y destacando los estímulos más significativos,** con el fin de eliminar los estímulos irrelevantes y redundantes que aumentan la dificultad para atender a la información relevante.

✓ Utilizar **hojas de computación** preparadas **con esquemas gráficos** que representan los pasos de los logaritmos.

✓ **Adaptaciones instruccionales** como la segmentación de la práctica, los cronocálculos, las representaciones gráficas o el uso de materiales tangibles, el uso de ordenadores y/o calculadoras (con el fin de que vayan adquiriendo las habilidades de resolución de problemas), introduciendo **tiempos de descanso.**

✓ **Descomponer las tareas en fases** con el fin de reducir las demandas de la tarea y las exigencias de atención.

✓ Usar la **tutoría de pares** con el fin de que se concentren en el contenido de las tareas más que en los aspectos formales.

Solución de problemas

✓ Utilización de los **métodos instruccionales**:
    i) Presentar **problemas de la vida real** para potenciar la significatividad del aprendizaje.
    ii) Favorecer la **elaboración de imágenes mentales** o la realización de **dibujos** que representen adecuadamente la información del texto del problema.

iii) Motivar la **relectura** del problema y a **escribir la información** que aporta.

iv) **Subdividir** la información en unidades más manejables y acompañarlas de **esquemas gráficos** que centren la atención sobre las partes relevantes de información.

v) Enseñanza de «**grandes ideas**» como forma de reducir las memorizaciones mecánicas.

✓ Instruir en **estrategias de automonitoreo y en estrategias cognitivas:**

i) Leer el problema (comprender).
ii) Parafrasear el problema (traducir).
iii) Visualizar (transformar).
iv) Subrayar la información importante.
v) Hipotetizar (planificar).
vi) Hacer estimaciones (predecir).
vii) Hacer los cálculos.
viii) Revisar (evaluar).

© ITES-Paraninfo

SISTEMA DE EVALUACIÓN ADECUADO A LAS DIFICULTADES DE UN NIÑO MAYOR CON TDAH

Organización del tiempo y los materiales
- ✓ Dar cinco minutos a toda la clase para organizar el material necesario. Asegurarse de que el alumno **tiene todo el material necesario**.
- ✓ Permitir la utilización de marcadores de tiempo.

Modificar el procedimiento de evaluación
- ✓ Realizar **evaluaciones cortas y frecuentes**, se trata de valorar lo que saben y no la dificultad para hacer el examen.
- ✓ **Reducir el número de preguntas:** una por hoja y **marcar el tiempo** disponible dejando usar marcadores de tiempo.
- ✓ Combinar **evaluaciones orales y escritas**.
- ✓ Tienen menos dificultades si se realizan **preguntas tipo test** donde están presentes las respuestas de elección, porque tienen muchas dificultades en sus habilidades de organización y estructuración de la información.
- ✓ **Permitir que acuda a la mesa del profesor a mostrar sus tareas**, este movimiento servirá para descansar tensiones, disminuyendo la frecuencia con la que se levanta de la silla. El objetivo es que se levante de la silla en determinados momentos y de forma estructurada.

Modificar la forma de dar las instrucciones
- ✓ Darles instrucciones **claras, cortas y sencillamente formuladas** para realizar sus tareas. Si es necesario, hacerlo **para cada paso** que debe realizar para finalizar con éxito cada uno de los apartados en los que se ha dividido la tarea.
- ✓ **Destacar palabras clave** en el enunciado de las preguntas.
- ✓ Favorecer el uso y aplicación de **autoinstrucciones** para fomentar el uso del lenguaje interno como factor importante en la dirección de las conductas.

Favorecer la realización de proyectos
- ✓ **Favorecer el diálogo** entre el profesor y el alumno sobre el trabajo concreto a realizar. **Asegurarse de que ha entendido la pregunta.**
- ✓ **Seleccionar** cuidadosamente el nivel de **dificultad**.
- ✓ Establecer **metas intermedias**.

A considerar:

Cada vez está más claro que en la realidad social actual, la información llega por canales mucho más rápidos, variados e interactivos.

Sin embargo en los métodos educativos, aunque van introduciendo poco a poco las nuevas tecnologías, queda mucho por hacer.

Si esta renovación del sistema de enseñanza es necesaria para toda la población normal, es mucho más necesaria, con los niños TDAH. Se ha demostrado que modificando la modalidad de entrada estimular de la información, métodos audiovisuales, interactivos, mejoran sorprendentemente su rendimiento.

Mientras van llegando todos estos recursos, vamos a trabajar con lo que ya tenemos, modificando nuestra actuación.

¡A LO PRÁCTICO!

Nuria está empezando a presentar problemas en la asignatura de matemáticas. Cuando su profesora se sienta con ella a hacer las sumas y las restas, ésta le verbaliza los diferentes pasos que tienen que dar, por lo que Nuria hace perfectamente sus ejercicios.

Pero cuando le pone una hoja de ejercicios para hacer de forma individual en clase, Nuria comete muchos errores pero principalmente confunde las sumas con las restas o empieza sumando y termina restando.

Nos dimos cuenta de que ponía diez cuentas por hoja, que éstas terminaban amontonadas y que los signos de suma o resta al final eran muy poco visibles.

Para mejorar el acceso a la información relevante y que no se le amontonase la información recibida le pedimos que escribiera cuatro cuentas por hoja, con los números más grandes y dejando más espacio entre unas y otras. Además ideamos un sistema de identificación de signos: eligió dos colores de rotuladores fosforitos, con el naranja marcaría las sumas y con el verde marcaría las restas antes de comenzar a hacer la tarea.

También tuvimos en cuenta que para aumentar su rendimiento y favorecer que prestase atención le pedimos que enseñase a su profesora los ejercicios cuando hubiera escrito las cuentas y marcado los signos, y siempre que terminase una hoja, es decir, que hubiera hecho las cuatro cuentas.

Estos cambios favorecieron un mejor rendimiento en esta asignatura, por lo que nos pareció necesario mantener estos cambios a la hora de hacer los exámenes, apoyándonos en un temporizador que avisaba del tiempo que tenía para cada grupo de cuentas.

Las dificultades de aprendizaje que presentan no tienen porqué estar directamente relacionadas con el nivel intelectual que tenga. Lo más frecuente es que estos niños tengan un adecuado nivel intelectual.

© ITES-Paraninfo

Capítulo

13

Otras manifestaciones

13.1. OTRAS MANIFESTACIONES

Debido a todas estas dificultades que tienen estos niños en su funcionamiento diario, es fácil observar que también presentan:

- *Baja tolerancia a la frustración*, posiblemente debido a la gran cantidad de experiencias negativas que acumulan en su historia, a pesar de su esfuerzo por hacerlo bien. El evitar las tareas que le requieren esfuerzo está muy relacionado con su baja tolerancia a la frustración, por su bajo control emocional y su baja capacidad de demorar el refuerzo.

- *Cambios rápidos y bruscos en el humor,* con respuestas abruptas y explosiones de mal genio. Con frecuencia no son conscientes de lo que les sucede y, cuando lo son, no siempre saben qué hacer para cambiar sus comportamientos.

- *Una actitud autoritaria* debido a que pueden estar acostumbrados a que los adultos cedan ante sus demandas porque, estos adultos:

    — Desconocen estrategias adecuadas para establecer y mantener límites.

    — No son sistemáticos a la hora de llevarlas a la práctica.

    — O porque estas técnicas no son tan eficaces en estos niños y se abandona la estrategia.

- *Pueden ser* **persistentes en sus demandas,** exigiendo mucha atención a los padres y, a menudo, insaciables en su curiosidad hacia el entorno. Estos niños pueden tener rabietas más a menudo y con mayor intensidad, planteando un desafío para controlarlos y manejarlos.

- *No aceptan las tareas y las responsabilidades* tan bien como otros niños de su edad, mostrando una mayor desobediencia. Necesitan ayuda en tareas relacionadas con su autonomía cuando vemos que sus compañeros ya las han adquirido.

- Es frecuente que presenten una *baja autoestima* debido a las dificultades con las que se encuentran, el poco refuerzo que obtienen del ambiente, y las pocas experiencias de éxito que perciben.

© ITES-Paraninfo

Es muy frecuente que ante situaciones estresantes o ambientes poco estructurados o desorganizados (como los recreos, una excursión o una discusión familiar) el niño muestre un incremento de su conducta hiperactiva o bien que ésta aparezca como consecuencia de ambientes sobre-estimulados como los ambientes ruidosos o aquellos momentos en los que se proporciona al niño muchos datos perceptivos simultáneos.

Además de los comportamientos comentados, se sabe que pueden desarrollar comportamientos y/o síntomas de diferentes trastornos como:

- Trastornos de conducta.
- Trastorno disocial y conductas antisociales como mentiras, agresiones, pequeños robos y resistencia a la autoridad, consumo de sustancias, etc.
- Trastornos del estado de ánimo: tristeza y, en algunos casos depresión, presentando síntomas como desconfianza en el éxito futuro, baja autoestima, preocupación por ser aceptados socialmente, percepción negativa de sus competencias y capacidades.
- Trastornos de ansiedad: ansiedad excesiva, ansiedad de separación, fobias, tics.
- Trastornos del aprendizaje: como dislexia, discalculia, disgrafía, retraso en la adquisición del lenguaje hablado.

Muchas veces podemos observar a un niño con una sintomatología depresiva, o de ansiedad, trastorno de aprendizaje, etc. y sin embargo puede que esto no sea más que la punta del iceberg, es decir una consecuencia del trastorno de hiperactividad que hay en la base.

No hay que olvidar que para prevenir el desarrollo y aparición de esta sintomatología es fundamental la detección temprana del problema y su intervención en el mismo.

© ITES-Paraninfo

Es muy frecuente que ante situaciones estresantes o ambientes poco estructurados o desorganizados (como los recreos, una excursión o una discusión familiar, al niño muestre un incremento de su conducta hiperactiva, lo bien que esta aparezca como consecuencia del cambio en diferentes modos. Debe recordarse además, que en estos momentos en los que se proporciona al niño muchas claves perceptivas simultáneas.

No todos los comportamientos conductuales se dan que se presentan en situaciones.

Capítulo

14

Cuestionario

14.1. CUESTIONARIO PARA FACILITAR LA INTERVENCIÓN EN EL AULA

En los apartados anteriores hemos visto muchas modificaciones que pueden ayudar a mejorar el comportamiento y rendimiento del niño en el aula; y en muchos casos una misma estrategia puede servir para favorecer varias conductas a la vez, por ejemplo, el desglosar las tareas en pequeños pasos ayuda a reducir los tiempos de atención exigidos y el tiempo que tiene que estar inhibiendo sus comportamientos; otro ejemplo sería la economía de fichas que favorece el seguimiento de las normas y el autocontrol.

El cumplimentar este cuestionario le facilitará:

- Tener mejor definidas las dificultades.
- Cuál está siendo la actuación ante ellas.
- Cuáles son los posibles cambios a implantar:
    - ✓ Planificar los objetivos en base a las necesidades del alumno.
    - ✓ Determinar las estrategias específicas a utilizar para la consecución de los mismos.
    - ✓ Diseñar la evaluación y su temporalización.

Este mismo cuestionario puede ser útil como medida de la intervención, como sistema de evaluación de cambios, eligiéndose en qué momento se quiere evaluar en función del programa a seguir (medida de línea base, pre-post tratamiento, etc.).

También puede ser un buen instrumento que facilite la coordinación entre las distintas personas que pueden intervenir con el niño (padres, psicólogo-orientador, profesores, etc.) y facilitando también la generalización de las estrategias que el alumno esté aprendiendo.

IA-TDAH:
«CUESTIONARIO PARA LA INTERVENCIÓN EN EL AULA CON NIÑOS TDAH»

(T. Bonet, C. Solano y Y. Soriano)

Nombre y apellidos del alumno ....

Fecha de nacimiento .... Edad ....

Colegio .... Curso ....

Nombre y apellidos del profesor/tutor ....

Fecha de realización ....

INSTRUCCIONES:

A continuación se expone un listado con las posibles modificaciones e intervenciones en el aula, por favor:

— Subraye las que ya está utilizando.

— Marque en los recuadros aquellas que cree que puede comenzar a utilizar sin mucha dificultad:

© ITES-Paraninfo

1. DÉFICIT DE ATENCIÓN

CONTROLAR LOS ESTÍMULOS:

- ☐ **Sentarle cerca del profesor**, mencionar su nombre, darle pequeños toques en la espalda para evitar que se distraiga, pedirle que nos repita lo que hay que hacer, etc., o cualquier **señal que acordemos con el niño**, para favorecer que su atención esté focalizada.

- ☐ **Disminuir los estímulos irrelevantes** presentes en la clase, colocándolos fuera de su campo visual (a su espalda), también se puede crear un rincón sin estimulación o permitir que el niño utilice unos cascos para no distraerse. Esto es especialmente importante cuando tiene que realizar los trabajos de forma individual.

- ☐ Poner la información de manera explícita, utilización de todo lo que pueda servir como **pistas, recordatorios, señales**: *post-it*, fichas, listas, dibujos, los propios gestos. Estos niños no utilizan la «información en sus mentes».

- ☐ **Marcadores de tiempo,** no tienen conciencia del tiempo por lo que no sirve darles más tiempo porque lo perderán igualmente. El tiempo hay que convertirlo en algo real con relojes, temporalizadores, cronómetros, relojes de arena...

SUPERVISARLE Y AYUDARLE A QUE SE SUPERVISE:

- ☐ **Rutinas**, estructurando el funcionamiento de las clases.

- ☐ Dar **cinco minutos** a toda la clase **para organizar el material** como parte de la rutina diaria; para que revise si tiene el material necesario, lo ordene y elimine de la mesa lo que no vaya a necesitar.

- ☐ Se **avisan** con tiempo **los cambios** que se efectúen en relación con las rutinas.

- ☐ **Destacar los aspectos más importantes** del problema para facilitar su comprensión y la resolución de tareas, utilizando marcadores, carpetas, colores... Si es necesario, **mostrarle paso a paso** lo que tiene que hacer.

- ☐ **Compañeros de supervisión**: que les dan *feedback* de inmediato y disminuye la dedicación del profesor.

- ☐ **Ayuda al compañero** con dificultades y permitirle que participe en la organización de la clase con alguna responsabilidad.

© ITES-Paraninfo

MEJORAR LA FORMA DE DAR LAS ÓRDENES:

- ☐ Darle las instrucciones de forma **breve, clara y concisa**. Si es necesario darle las instrucciones de una en una por escrito y **hacer que nos repita la propia instrucción**.

- ☐ Favorecer el uso de las **autoinstrucciones** para focalizar su atención en la tarea y en los pasos a seguir, y si es necesario apoyarse en dibujos como recordatorio.

DIVIDIR LAS TAREAS:

- ☐ Dividir las actividades **en pequeños pasos** para que puedan hacer aprendizajes breves que su capacidad atencional pueda asumir. Las tareas cortas permiten que el niño no se canse, no entre en la monotonía y no se distraiga.

- ☐ **Planificando sus acciones:** tener organizado su trabajo y sus descansos, para posteriormente enseñar al niño a planificarse sus tareas y a usar una agenda como medio de apoyo.

- ☐ **Desglosarles el futuro,** advertirles de lo que llega a través de la realización de tareas presentes. No tanto hablarles de la meta sino desglosarla en pasos pequeños centrándoles en el aquí y ahora, y guiarles en su actuación.

AUMENTAR SU MOTIVACIÓN:

- ☐ Proporcionándole actividades que no le resulten monótonas ni aburridas dentro de un funcionamiento diario de clase estructurado, presentando las tareas con un **material más atractivo**.

- ☐ No tienen automotivación, por eso es importante recompensarles en el entorno inmediato; **ganar el doble:** el terminar una tarea ya es una ganancia, más el premio como consecuencia de la conducta adecuada.

- ☐ **Reforzar y premiar las conductas adecuadas** como estar atento.

- ☐ **Darles más *feedback*,** darles información sobre su acción de manera frecuente («muy bien, lo estás intentando», «estás siguiendo tu plan...muy bien, sigue así.», «lo estás haciendo bien o mal...»).

- ☐ **Comenzar por los premios,** no por los castigos. De por sí son unos niños que están más castigados que otros. El castigo sólo funciona si es muy inmediato.

© ITES-Paraninfo

2. IMPULSIVIDAD

DEFINIR LAS NORMAS:

☐ Definir y trabajar (apoyándose en medios visuales y dinámicos como pósters, notas en su cuaderno, dinámicas de grupo...) las normas de la clase y las consecuencias de su incumplimiento, estando esta información **a la vista** de los alumnos.

☐ **Recordar** las normas frecuentemente.

☐ Definir y estructurar **normas personalizadas,** como permitirle que muestre sus tareas al profesor.

☐ **Obligarle** *in situ* antes de cada situación (salir al recreo, prepararse para irse a casa) a que repita en voz alta las normas específicas a cada situación.

FAVORECER EL AUTOCONTROL:

☐ **Fragmentar las tareas** en objetivos más cortos y supervisar con más frecuencia su consecución, de forma que el tiempo en el que tienen que inhibir su respuesta sea menor. Como ya se ha visto, implica tiempos de atención más cortos, lo que favorece su aprendizaje al adaptarse a su capacidad atencional. Por ejemplo, en vez de mostrar los ejercicios de matemáticas cuando estén finalizados todos, es mejor que los muestre cuando ya haya terminado dos.

☐ Favorecer el **uso de las autoinstrucciones** para dirigir su conducta.

☐ **Desglosarles el futuro,** advertirles de lo que llega a través de la realización de tareas presentes. No tanto hablarles de la meta sino desglosarla en pasos pequeños centrándoles en el aquí y ahora y guiarles en su actuación.

PREMIAR LAS CONDUCTAS ADECUADAS E IGNORAR LAS INADECUADAS:

☐ Implantar un **sistema de puntos en el que es premiado** (en el colegio y en casa) por la consecución de objetivos y con coste de respuesta ante el incumplimiento.

☐ **Sistema de puntos en el que la clase es premiada** por el cumplimiento de las normas.

- ☐ **Ignorar** las conductas inadecuadas como interrumpir, y en el caso de ser muy molesta utilizar el **tiempo fuera.**

- ☐ **Reforzar las conductas adecuadas** como ir despacio, terminar cada pequeño paso dado, la calidad frente a la cantidad.

AUMENTAR SU CAPACIDAD DE REFLEXIÓN:

- ☐ **Estructurar el ambiente** con señales visuales acerca de la intención de ESPERAR Y PENSAR.

- ☐ Actuar de **modelo en el uso del lenguaje interno** en los procesos de resolución de problemas.

- ☐ Pedirle que PIENSE EN VOZ ALTA, que cuente lo que hace, o tiene que hacer, para posibilitar la producción del lenguaje interno que medie en la conducta.

3. HIPERACTIVIDAD

FAVORECER MOMENTOS DE ACTIVIDAD ADECUADA:

☐ Intentar que su movimiento sea adaptativo **haciendo pequeñas tareas** que le faciliten la energía y tensión acumuladas por haber estado quieto. Para ello **se le adjudican responsabilidades y/o ayudar al profesor**, como ir a hacer fotocopias, repartir hojas, borrar la pizarra, apuntar actividades y cambios en la agenda grupal u horario, etc.

☐ **Que acuda a la mesa del profesor a mostrar sus tareas**, este movimiento servirá para descargar tensiones, disminuyendo la frecuencia con la que se levanta de la silla de forma inadecuada. El objetivo es que se levante de la silla en determinados momentos y de forma estructurada.

CONTROL DE ESTÍMULOS:

☐ Mandarle **menor cantidad de tarea**, y que requiera menor esfuerzo mental mantenido, **programando períodos de descanso** donde se pueda mover; conforme lo vaya consiguiendo ir aumentando el número de tareas, la cantidad de esfuerzo, y el tiempo para su realización.

☐ **Programar la realización** de tareas que requieran esfuerzo mental después de períodos de movimiento motor intenso como los recreos, clases de gimnasia, partidos o deporte.

☐ **Marcadores de tiempo,** no tienen conciencia del tiempo por lo que no sirve darles más tiempo porque lo perderán igualmente. El tiempo hay que convertirlo en algo real con relojes, temporalizadores, cronómetros, relojes de arena...

☐ **Permitir el murmullo** y permitir el **movimiento.**

MANEJAR ADECUADAMENTE LAS CONTINGENCIAS:

☐ Extinguir, no atender a los movimientos que parezcan más incontrolados o inconsistentes.

☐ Contener o controlar estos movimientos para que no sean reforzados por otros observadores.

☐ Reforzar el estar adecuadamente sentado, en silencio, escuchando, escogiendo para cada día una conducta concreta.

4. DIFICULTADES PARA EL AUTOCONTROL

DIVIDIR LAS TAREAS:

☐ Proporcionarles las tareas escolares divididas **en pequeños pasos**, lo que hace que la persistencia requerida para resolver la tarea y el tiempo en el que tiene que inhibir la conducta sean menores.

MEJORAR LA FORMA DE DAR LAS ÓRDENES:

☐ Darles instrucciones **claras, cortas y sencillamente formuladas** para realizar sus tareas. Si es necesario, hacerlo **para cada paso** que debe realizar para finalizar con éxito cada uno de los apartados en los que se ha dividido la tarea.

☐ Favorecer el uso y aplicación de **autoinstrucciones** para fomentar el uso del lenguaje interno como factor importante en la dirección de las conductas.

☐ Utilizar el **control externo** en las situaciones más difíciles e irlo retirando progresivamente, nunca de golpe.

AUMENTAR SU MOTIVACIÓN:

☐ Dejarles claras **cuáles serán las recompensas** por concluir sus tareas.

☐ **Alabarles** cuando concluyen una tarea con éxito para que se sientan competentes y mejore su motivación.

☐ **Comenzar por los premios**, no por los castigos. De por sí son unos niños que están más castigados que otros. El castigo sólo funciona si es inmediato.

☐ Llevar un **autorregistro de cumplimiento** de objetivos y un sistema de **economía de fichas**.

☐ **Propiciar situaciones de éxito** y destacarlo.

AUMENTAR SU CAPACIDAD DE REFLEXIÓN:

☐ Estructurar el ambiente con señales visuales acerca de la intención de ESPERAR Y PENSAR.

☐ Actuar de **modelo en el uso del lenguaje interno** en los procesos de resolución de problemas.

© ITES-Paraninfo

- [ ] Pedirle que PIENSE EN VOZ ALTA, que cuente lo que hace, o tiene que hacer, para posibilitar la producción del lenguaje interno que medie en la conducta.

MEJORAR SUS ESTRATEGIAS EN LA RESOLUCIÓN DE PROBLEMAS:

- [ ] **Analizar** las situaciones y las consecuencias de los comportamientos propios y ajenos.
- [ ] Pensar en **soluciones alternativas** a la ejecutada.
- [ ] **Devolverle la información** sobre su comportamiento y del acercamiento, o no, a las metas establecidas.
- [ ] **Entrenarle en autoevaluación** pidiéndole que sea él el que juzgue.

CONTINGENCIA DE GRUPO:

- [ ] **Determinar ciertas metas** fáciles de conseguir **y se reforzará a toda la clase**, como consecuencia de la consecución de la meta por parte del niño.

5. ESTILO COGNITIVO

AYUDARLE A ANALIZAR SU CONDUCTA Y ENSEÑARLE A VALORARLAS:

- ☐ **Proporcionarles alternativas** para el análisis de situaciones.

- ☐ Ayudarles en la valoración de sus actividades mediante un **autorregistro**, tanto cuando concluyan con éxito como cuando no logren sus metas.

- ☐ **Punto de rendimiento**, aprovechar cualquier situación, conflicto, problema para obligarle a pensar utilizando las cuatro preguntas de las Autoinstrucciones.

- ☐ **Reforzar** además del resultado final de la conducta, el proceso de solución utilizado.

- ☐ **Obligarle** a reconocer y a reforzarse en voz alta las habilidades cognitivas utilizadas.

AUMENTAR SU MOTIVACIÓN:

- ☐ **Proporcionándole experiencias de éxito**, con el objetivo de que el niño pueda hacer atribuciones adecuadas: «el éxito es debido a mi esfuerzo y no al azar».

- ☐ Favorecer el papel de **«ayudante del profesor»**.

- ☐ **Trabajar con la imaginación,** ayudarle y obligarle a recordar hechos pasados, cuál ha sido su actuación y cuál ha sido la consecuencia; ayudarle y obligarle a imaginar todos los futuros posibles.

AYUDARLE A REFLEXIONAR Y A ANALIZAR SITUACIONES:

- ☐ **Entrenarle** en la técnica de solución de problemas.

- ☐ Fomentar el uso de las **autoinstrucciones**.

- ☐ **Cambio a pensamientos positivos** en lugar de derrotistas, autodestructivos, pesimistas, etc.

- ☐ **Modelado cognitivo**, hacer de modelo que se autoinstruye mientras realizamos cualquier conducta.

- ☐ Instaurar el **diálogo interno, PENSANDO EN VOZ ALTA.**

© ITES-Paraninfo

6. DIFICULTAD PARA DEMORAR LAS RECOMPENSAS

AUMENTAR SU MOTIVACIÓN:

☐ Comenzar **bajando** nuestro nivel de **exigencia**. Permitir el murmullo y permitir el movimiento.

☐ Utilizar **recompensas** que resulten verdaderamente **atractivas** para estos niños.

☐ **Proporcionarles experiencias de éxito** para que puedan obtener reforzadores y que aprendan a percibir que las consecuencias dependen de su conducta.

☐ No tienen automotivación, por eso es importante recompensarles en el entorno inmediato; **ganar el doble:** el terminar una tarea ya es una ganancia más el premio como consecuencia de la conducta adecuada.

☐ **Darles más** *feedback*, darles información sobre su acción de manera frecuente («lo estás haciendo bien o mal...»).

☐ **Comenzar por los premios**, no por los castigos. De por sí son unos niños que están más castigados que otros. El castigo sólo funciona si es muy inmediato.

☐ **Trabajar con la imaginación,** ayudarle y obligarle a recordar hechos pasados, cuál ha sido su actuación y cuál ha sido la consecuencia, ayudarle y obligarle a imaginar todos los futuros posibles.

MANEJO DE CONTINGENCIAS:

☐ **Programar y acordar** el uso del **costo de respuesta** para facilitar la inhibición de la conducta inadecuada.

AYUDARLE A MANTENER LA MOTIVACIÓN:

☐ **Recordarle** con frecuencia **qué puede esperar** tras su esfuerzo.

CONTROL DE ESTÍMULOS:

☐ Poner **recuerdos visuales** (mediante dibujos, *post-it* o escritos) **de las recompensas** que puede obtener en lugares donde los vea con frecuencia como el cuaderno, el pupitre o la cajonera.

☐ **Marcadores de tiempo,** no tienen conciencia del tiempo por lo que no sirve darles más tiempo porque lo perderán igualmente. El tiempo hay que convertirlo en algo real con relojes, temporalizadores, cronómetros, relojes de arena...

© ITES-Paraninfo

7. INHABILIDAD MOTORA

EVITAR EL AUTOCONCEPTO NEGATIVO:

☐ No etiquetar ni hacer juicios de valor sobre su comportamiento, ser conscientes de que no lo hacen adrede.

☐ **Destacar sus cualidades** y propiciar el éxito.

FACILITAR LA ADQUISICIÓN DE HABILIDADES PSICOMOTRICES ADECUADAS:

☐ Entrenamiento específico en **psicomotricidad**: recortar, colorear, calcar, plegar, contornear figuras, hacer rompecabezas, jugar con canicas, pintar con los dedos, trazados deslizados...

☐ **Enseñarle a realizar las tareas muy lentamente**: «como si fuéramos a cámara lenta».

☐ Realización de pequeñas **tareas de la clase** que le supongan también entrenamiento y motivación.

☐ **Establecer metas** y actuar contingentemente con su consecución.

© ITES-Paraninfo

8. RELACIONES SOCIALES PROBLEMÁTICAS

EVITAR EL AUTOCONCEPTO NEGATIVO:

- ☐ **No etiquetarle** como molesto o agresivo.
- ☐ **Dejarle que se explique** cuando haya estado involucrado en un accidente o altercado con otra persona.
- ☐ **Mostrar los puntos fuertes y débiles** como parte de las diferencias individuales con todo el grupo.
- ☐ **Actuar y no hablar,** los sermones no sirven. De lo que se trata es de manejar su conducta.
- ☐ **Perdonar** al niño y sus errores, seguro que saldrá mejor mañana.
- ☐ **Enseñarle a perdonarse a sí mismo** por... hacerlo mal, no poder, no querer...
- ☐ **Buscar una cualidad o destreza** que le haga especial y **potenciarle ese rol** dentro del grupo (intrépido, rápido, fuerte...).

AYUDARLE A REFLEXIONAR Y A ANALIZAR LAS SITUACIONES:

- ☐ **Entrenarle** en la técnica de resolución de problemas.
- ☐ **Ofrecerle alternativas** a su conducta.
- ☐ **Mediar** ante sus conflictos, haciendo de modelo de resolución de problemas.
- ☐ **Dinámicas grupales o debates** sobre situaciones conflictivas y resolución de problemas interpersonales.

MEJORA DE SUS HABILIDADES SOCIALES:

- ☐ **Entrenamiento** en conductas adecuadas en las relaciones sociales: hacer peticiones, pedir ayuda, reconocer dificultades, admitir errores, saber demostrar sus sentimientos de enfado, rabia, etc.

© ITES-Paraninfo

9. DIFICULTADES DE APRENDIZAJE

AUMENTAR EL RECONOCIMIENTO DE PALABRAS:

☐ Enseñar las regularidades del lenguaje más que la memorización de letras y sonidos.

☐ Actividades para **potenciar la segmentación léxica**, identificación de fonos, omisión de fonos, integración de sonidos en palabras, asociar las diferentes unidades lingüísticas (letras, sílabas y palabras) a una clave externa (como dibujos, colores, movimientos, patada, palmada...) que ayude al niño a tomar conciencia y mantener la activación durante su aprendizaje.

☐ **Lecturas repetidas, las lecturas conjuntas y las lecturas en sombra** para alcanzar un nivel óptimo de automatización y fluidez.

AUMENTAR LA COMPRENSIÓN DE TEXTOS:

☐ Antes, durante y después de la lectura del texto se pueden seguir estrategias para mejorar su comprensión:

ANTES

- Activar el conocimiento previo: ¿Qué se yo sobre lo que vamos a ver?, ¿Qué me gustaría saber? Es decir, entrenarles a recordar sobre el tema que se va a trabajar.
- **Visualización** de la información conocida.

DURANTE

- Segmentar los textos largos.
- Intercalar descansos.
- Eliminar estímulos distractores.

DESPUÉS

- Dramatización.

☐ Utilizar el **procedimiento autoinstruccional** que incluye los siguientes pasos a tener en cuenta antes de leer el texto y mientras se lee. Por ejemplo:

1. ¿De qué va la historia? Identificar la idea principal o más importante.

© ITES-Paraninfo

2. ¿Qué pasa primero y después? Identificar el orden de los acontecimientos o la secuencia que siguen.
3. ¿Qué sintió el personaje principal cuando...? Saber cómo se sienten los personajes y por qué.
4. Además mientras leo debería pensar en lo que estoy haciendo. Y también escuchar lo que me voy diciendo a mi mismo: «Lo que digo ¿es correcto?». «Recuerda que no hay que preocuparse por los errores». «Volveré a intentarlo». «Tengo que mantener la tranquilidad y la calma». «Cuando tenga éxito, me sentiré orgulloso y disfrutaré del trabajo realizado».

☐ Potenciar **procedimientos colaborativos que implican un diálogo** con los estudiantes o del tipo profesor-alumno sobre los párrafos de un texto leído previamente.

☐ Acompañar de **premios**.

DISMINUIR LAS DIFICULTADES EN ESCRITURA:

☐ Para mejorar los problemas en la motricidad pueden realizarse **secuencias de ejercicios de pre-escritura** como técnicas no gráficas como recortar, pintar con los dedos, pegar, calcar, colorear, plegar, hacer rompecabezas, jugar con canicas...; técnicas pictográficas como la pintura, dibujo libre y arabescos (trazos continuos que no representan un objeto determinado); técnicas escriptográficas como los trazados deslizados, los ejercicios de progresión en un plano vertical y horizontal.

☐ Enseñar las letras y grupos de letras por aquellas que impliquen **realizar movimientos similares** (por ejemplo, o, a, c, g, q...).

☐ Usar métodos como el **modelado** con pensamiento en voz alta **y la guía física**.

☐ Enfoque multisensorial.

☐ Usar el *modelo que se borra*, que consiste en calcos del mismo modelo pero con partes cada vez más degradadas hasta que ya no se proporciona el modelo. La copia de letras sin sentido se tiene que combinar con palabras significativas.

☐ En niveles de escritura más avanzados pueden aplicarse programas que combinen técnicas de autoinstrucción y de autoobservación, con criterios de calidad de escritura muy precisos, que el estudiante debe autoobservar, valorar y plasmar en registros.

© ITES-Paraninfo

FAVORECER LA EXPRESIÓN ESCRITA:

☐ La **re-escritura** mejora las habilidades de redacción. Esta técnica consiste en que los alumnos escriban un texto que acaban de leer o que han escuchado, con el fin de reconstruir el texto e integrar el contenido con las experiencias previas del alumno.

☐ Otros procedimientos son el **andamiaje,** la **tormenta de ideas** con o sin ayuda de dibujos para facilitar el conocimiento del vocabulario y los conceptos, el **listado de tópicos relevantes.**

☐ Apoyarse en las **preguntas «clave»** (qué, cómo, cuándo, dónde y por qué), los **organizadores gráficos** empleados en la comprensión de textos y la enseñanza de las diferentes estructuras textuales.

☐ Usar **tarjetas o fichas para pensar** que incluyen actividades que le ayudan a activar su conocimiento previo y estructurar el contenido.

☐ **Estrategias cooperativas** para mejorar el proceso de revisión del texto.

☐ Estrategia de **revisión del contenido**:
   a) Escucha a tu compañero y lee al mismo tiempo el texto de tu compañero.
   b) Di a tu compañero de qué trata el texto y qué es lo que más te gusta.
   c) Relee el texto de tu compañero.
   d) Responde a las siguientes cuestiones: ¿tiene el texto un buen principio, desarrollo y final?, ¿se sigue una secuencia lógica?, ¿hay alguna parte en la que se pueden añadir más detalles?, ¿hay alguna parte que no entiendes?
   e) Discute tus sugerencias con tu compañero.

☐ Estrategia de **revisión de aspectos gramaticales**:
   a) Escucha mientras tu compañero lee el texto que has revisado.
   b) Comprueba los cambios que has hecho y decide si es necesario hacer más cambios.
   c) Relee todas las oraciones del texto de tu compañero.
   d) Responde a las siguientes cuestiones: ¿Son completas las oraciones?, ¿Están escritas con mayúscula los nombres propios y las palabras iniciales de cada párrafo?, ¿Están escritas correctamente las palabras y las letras?
   e) Discute con tu compañero los cambios que has hecho.

© ITES-Paraninfo

MEJORAR EN LA NUMERACIÓN Y EL CÁLCULO:

☐ Utilizar cuadernillos de trabajo con formato simplificado en los que aparezcan **pocos ejercicios por página y destacando los estímulos más significativos,** con el fin de eliminar los estímulos irrelevantes y redundantes que aumentan la dificultad para atender a la información relevante.

☐ Utilizar **hojas de computación** preparadas **con esquemas gráficos** que representan los pasos de los algoritmos.

☐ **Adaptaciones instruccionales** como la segmentación de la práctica, los cronocálculos, las representaciones gráficas o el uso de materiales tangibles, el uso de ordenadores y/o calculadoras (con el fin de que vayan adquiriendo las habilidades de resolución de problemas), introduciendo **tiempos de descanso.**

☐ **Descomponer las tareas en fases** con el fin de reducir las demandas de la tarea y las exigencias de atención.

☐ Usar la **tutoría de pares** con el fin de que se concentren en el contenido de las tareas más que en los aspectos formales.

© ITES-Paraninfo

SOLUCIÓN DE PROBLEMAS:

☐ Utilización de los **métodos instruccionales.**

☐ Presentar **problemas de la vida real** para potenciar la significatividad del aprendizaje.

☐ Favorecer la **elaboración de imágenes mentales** o la realización de **dibujos** que representen adecuadamente la información del texto del problema.

☐ Motivar la **relectura** del problema y a **escribir la información** que aporta.

☐ **Subdividir** la información en unidades más manejables y acompañarlas de **esquemas gráficos** que centren la atención sobre las partes relevantes de información.

☐ Enseñanza de «**grandes ideas**» como forma de reducir las memorizaciones mecánicas.

☐ Instruir en **estrategias de automonitoreo y en estrategias cognitivas:**
    i) Leer el problema (comprender).
    ii) Parafrasear el problema (traducir).
    iii) Visualizar (transformar).
    iv) Subrayar la información importante.
    v) Hipotetizar (planificar).
    vi) Hacer estimaciones (predecir).
    vii) Hacer los cálculos.
    viii) Revisar (evaluar).

© ITES-Paraninfo

SISTEMA DE EVALUACIÓN ADECUADO A LAS DIFICULTADES DE NIÑOS MAYORES CON TDAH:

ORGANIZACIÓN DEL TIEMPO Y LOS MATERIALES:

☐ Dar cinco minutos a toda la clase para organizar el material necesario. Asegurarse de que el alumno **tiene todo el material necesario**.

☐ Permitir la utilización de **marcadores de tiempo**.

MODIFICAR EL PROCEDIMIENTO DE EVALUACIÓN:

☐ Realizar **evaluaciones cortas y frecuentes**, se trata de valorar lo que saben y no la dificultad para hacer el examen.

☐ **Reducir el número de preguntas**: una por hoja y **marcar el tiempo** disponible dejando usar marcadores de tiempo.

☐ Combinar **evaluaciones orales y escritas**.

☐ Tienen menos dificultades si se realizan **preguntas tipo test** donde están presentes las respuestas de elección, porque tienen muchas dificultades en sus habilidades de organización y estructuración de la información.

☐ **Permitir que acuda a la mesa del profesor a mostrar sus tareas**, este movimiento servirá para descansar tensiones, disminuyendo la frecuencia con la que se levanta de la silla. El objetivo es que se levante de la silla en determinados momentos y de forma estructurada.

MODIFICAR LA FORMA DE DAR LAS INSTRUCCIONES:

☐ Darles instrucciones **claras, cortas y sencillamente formuladas** para realizar sus tareas. Si es necesario, hacerlo **para cada paso** que debe realizar para finalizar con éxito cada uno de los apartados en los que se ha dividido la tarea.

☐ **Destacar palabras clave** en el enunciado de las preguntas.

☐ Favorecer el uso y aplicación de **autoinstrucciones** para fomentar el uso del lenguaje interno como factor importante en la dirección de las conductas.

FAVORECER LA REALIZACIÓN DE PROYECTOS:

☐ **Favorecer el diálogo** entre el profesor y el alumno sobre el trabajo concreto a realizar. **Asegurarse de que ha entendido la pregunta.**

☐ **Seleccionar** cuidadosamente el nivel de **dificultad**.

☐ Establecer **metas intermedias**.

© ITES-Paraninfo

Capítulo

15

Algunos consejos

ALGUNOS CONSEJOS

Nos gustaría en este apartado aportar ideas para llevar de manera saludable la tarea educativa que día tras día el profesor/a realiza desde el mismo momento que entra al colegio.

No vamos a evaluar los múltiples factores que en la actualidad influyen para que esta labor sea cada día más dura, estresante, y difícil; pero sí empezaremos por reconocer las dificultades con las que el profesor/a se encuentra para poder llevar a cabo su trabajo de manera eficaz y que en ocasiones le puede llegar a repercutir en su salud física y/o psicológica.

Sabemos que es necesaria la implicación y coordinación de todos los estamentos, que se necesitan más recursos y dotaciones. En espera de que, con el trabajo de todos, se mejoren algunos aspectos de la acción educativa, quizá deberíamos plantearnos a nivel individual qué podemos hacer en mejora de nuestra clase, en mejora de algunos de nuestros alumnos pero sobre todo en nuestra propia mejora.

Los profesores pueden estar muy bien informados y formados en todas las herramientas y conocimientos que les capaciten para su labor educativa, llegando a tener unas muy buenas aptitudes docentes, pero quizás necesitarán otros recursos y habilidades personales que les ayuden a hacer frente a las nuevas demandas de su trabajo y a las características de los alumnos de hoy.

RESUMEN

- Sé responsable, ¡asume tus obligaciones!, pero también sé realista.
- Proponte metas alcanzables.
- Estudia bien este dossier y elige aquellos métodos que realmente sean fáciles de incorporar a tu estilo de dar la clase.
- Elige solo dos o tres técnicas y mantente constante en ellas.
- Sé sincero y honesto contigo, con tus obligaciones, pero también con tus limitaciones y tus dificultades.
- No te pases en optimismo y autoexigencia, pero tampoco en excusas.
- Seguro que hay cosas que sin mucho esfuerzo puedes incorporar a tus dinámicas.

© ITES-Paraninfo

- Cualquier meta conseguida por pequeña que sea será buena para tu alumno, para la clase en general y para ti.
- Lo mejor es ir poco a poco, pero de manera constante y continua.
- Comparte con alguien tus planes (padres, otros profesores, amigos...).
- Valórate por cualquier meta conseguida.

Aplícate a ti mismo algunos de estos principios, por ejemplo: reforzarte por ser capaz de llevar a la práctica las técnicas elegidas... ponerte dibujos recordatorios..

Plantéate esto como un enriquecimiento personal: aprender, investigar, descubrir, conseguir algo por otros métodos, con otras técnicas, incorporar a tu forma de educar y enseñar otras herramientas que te puedan servir no sólo para tus alumnos.

> "Conocer al otro es poder, conocerse a sí mismo es verdadera sabiduría"
> Libro del TAO

Como te conoces, seguro que ya sabes cuál puede ser tu peor defecto, si no lo modulas, seguro que te impide conseguir lo que tú mismo te estás proponiendo.

Algunos posibles defectos pueden ser:

- Ser demasiado exigente consigo mismo.
- Querer conseguir las cosas rápidamente, ver los resultados de forma inmediata, dificultad en ser constante.
- Dificultad en coger nuevos hábitos.

- Perder el control emocional: enfadarse, desilusionarse ante las dificultades, frustrarse.
- No asumir las cuestiones que sí dependen de uno mismo.
- Buscar y encontrar enseguida justificación para dejar de hacer.
- Ser demasiado perfeccionista.
- Agobiarse.
- No saber desconectar, llevarse los problemas a casa.

Conocer tus puntos débiles, contar con ellos y asumirlos, es el primer paso para poder cambiarlos: anticiparte, tener una actitud adecuada que los contrarreste va a ser necesario para conseguir el enriquecimiento personal.

Necesitarás planificar qué hacer y qué pensar, qué actitud tomar para enfrentarte a ellos.

Algunas posibilidades pueden ser:

- Ser más estricto, o más benevolente.
- Practicar el auto-perdón.
- Disfrutar en la espera.
- Aprender a valorar cualquier paso alcanzado por mínimo que sea.
- Saber desconectar adquiriendo técnicas de autocontrol emocional y cognitivo.
- Dejar a un lado los problemas al salir de clase.
- Autoaplicarse algunos de los recursos de la técnica control de estímulos para ser más sistemáticos y constantes.

Las auto-afirmaciones son herramientas capaces de hacer milagros.

Lo que pensamos, lo que nos decimos a nosotros mismos es de vital importancia para cómo nos sentimos y para ser capaces de lograr lo que nos hemos propuesto.

Fabricarse cada uno su propia lista de autoafirmaciones, hacer carteles en casa o en la clase, repetírselas todos los días al realizar una actividad habitual (en el desayuno, en el transporte al colegio, mientras te aseas) es una estupenda manera de empezar el día.

Hacer partícipe de tus planes a compañeros del trabajo, a otros profesores del niño, a los padres, a algún amigo, o a tu pareja, te servirá para poder compartir tanto las dificultades como los éxitos, te podrán ayudar a mantenerte en la consecución de tus objetivos, a encontrar soluciones o alternativas distintas a algunos comportamientos del niño, a enfocar de otra manera, desde otra perspectiva...

Todo esto para los cambios que puedes hacer en tu clase al intentar aplicar algunas de las técnicas aquí descritas pero...

Tomando como guía la propuesta que Barkley hace a los padres de niños con TDAH (Barkley, 1999), es fácil hacer un paralelismo para la preparación personal de los profesores ante el reto educativo que estos niños plantean.

Sé proactivo:

No respondas siempre de la misma manera, fíjate un plan, evalúa las dificultades, las posibilidades de éxito, organízalo para que nada quede en el aire, ponte tus propias señales intermedias para evaluar los resultados a corto, medio y largo plazo, piensa en tus propios refuerzos y premios que te vas a otorgar a ti mismo conforme vayas alcanzando objetivos, o en penalizaciones si no lo realizas, elabora la lista de autoafirmaciones...

— Tú tienes la libertad de escoger cómo quieres llevar tu clase, y ayudar a tu alumno.

— Desarrolla de manera responsable ese sentido de la elección.

— Evalúa, elige, proponte, practica, haz cambios, comprueba...

Empieza imaginándote el final

Ejercita tu imaginación e intenta visualizar el último día de clase, tu alumno está en su mesa y pide la palabra para despedirse de ti y de la clase hasta el curso que viene ¿Qué te gustaría que dijera sobre tu papel de profesor, y sobre la relación que has mantenido con él...?

© ITES-Paraninfo

132 Algunos consejos

Empezar por ahí te ayudará a focalizar y ver más claramente de qué manera puedes controlar la situación e intentar poner tu granito de arena para llevar los acontecimientos de la forma que quieres.

— No se puede tener un plan sin tener un objetivo.
— No podemos hacer un mapa sin tener claro desde dónde salimos y a dónde queremos llegar.
— Antes de actuar imagínate el final, clarifica una meta.
— Mira las estrategias personales y conocimientos que tienes.
— Ten en cuenta todos los pequeños pasos que debes andar hasta conseguirla.
— Planifica las paradas, los descansos, las posibles dificultades y el cómo resolverlas.

Disfruta en el trayecto y del viaje

Pon en primer lugar las cosas realmente importantes. Piensa en ganar todos, el alumno, la clase, los padres y tú mismo.

Ten sinergia y cooperación con el alumno

Trabaja con tu alumno de forma cooperativa y creativa, esfuérzate en encontrar todas las múltiples combinaciones de técnicas en las interacciones con tu alumno, no hay reglas fijas e inmutables, sé flexible y creativo, adáptate al alumno, tu relación con él será la que te irá marcando el cómo llevarle, lo que más funciona, esa misma relación te irá dando más y más modos diferentes de intervenir, esto es una aventura, intenta tener la mente abierta a los cambios, sé creativo, busca distintos modos de actuar...

Renuévate

Este consejo está en la base de todos; hay que admitir que tú eres la mayor y más importante fuente de recursos para ti mismo y para tus alumnos en tu clase, y tienes que cuidar de ti mismo para que no se agoten esos recursos.

© ITES-Paraninfo

Una máquina necesita cada cierto tiempo una puesta a punto y una revisión, y una persona necesita rejuvenecerse física, mental, social, personal, emocional y espiritualmente.

Pararse un tiempo y revisar como estás en todos esos aspectos es **tu obligación** y tomar medidas en ese sentido será necesario para poder vivir de manera plena en todas tus facetas.

- La alimentación y el sueño.
- El ejercicio físico.
- El tener tiempo para estar con uno mismo.
- El manejo de la ansiedad y el estrés mediante la relajación, yoga, la meditación.
- Aprender cosas nuevas.
- La formación permanente y continuada.
- Hacer algo creativo.
- Mantener y trabajar las amistades.
- El contacto social.
- El pertenecer a alguna asociación o participar en proyectos de tu comunidad.
- La relación con tus compañeros de trabajo.

Hay múltiples posibilidades, ¿cuál es la tuya?, ¿en qué aspecto te deberías renovar?

Muy a menudo, los profesores de alumnos conflictivos, problemáticos, o especiales, dedican mucho tiempo y mucha energía a sus alumnos, terminando extenuados, sin fuerzas, sin posibilidades de ejercer su papel como a ellos mismos les gustaría.

No renovarse y rejuvenecerse a sí mismo hace que sea más probable que se fracase a la hora de educar y enseñar a los alumnos, además de mermar la calidad de vida.

Algunos consejos

Es el mejor regalo que te puedes hacer a ti, a tu familia y a tus alumnos: cuidarte a ti mismo.

Y estos consejos y otros muchos que sin duda ya sabes, te pueden ayudar.

¿Por qué no empezar hoy mismo?

Nos encantaría poder compartir contigo
esta experiencia como profesor/a, psicolog@, padres de niños con TDAH
Puedes contactar con nosotras en:

cinteco@telefonica.net

© ITES-Paraninfo

Glosario de términos

- **Autocontrol.** Capacidad de controlar la propia conducta hacia una meta determinada adaptándose a las demandas de la situación.
- **Autoinstrucciones.** Es el lenguaje interno que nos ayuda a guiar y dirigir nuestra conducta. Estos niños tienen dificultades para internalizarlas, por lo que es necesario guiar y modelar los diferentes pasos, utilizando dibujos como apoyo visual:
  1. Análisis del problema: ¿Cuál es mi tarea?, ¿cuál es mi problema?
  2. Guía de la respuesta: voy a pensar un plan, ¿cuál va a ser mi plan para solucionarlo?
  3. Evaluación durante la tarea: ¿Estoy utilizando mi plan?
  4. Evaluación final: ¿Cómo lo he hecho?

  Su aplicación es útil en diferentes ámbitos: autocontrol, relaciones sociales, aprendizajes escolares, comprender un texto...
- **Autorregistro.** Anotaciones que se hacen sobre la propia conducta, para ello tienen que auto-observar su comportamiento en las situaciones requeridas.
- **Contingencias de grupo.** Conjunto de procedimientos por los que la conducta de un alumno tiene como consecuencia una recompensa positiva para él y para el grupo. De esta forma mejoramos el autocontrol del alumno, mejoramos la percepción y valoración que pueda tener el grupo

de su compañero, cambiamos las posibles actitudes negativas por otras más positivas, y los compañeros se llegan a convertir en agentes de cambio facilitadores de conductas adecuadas y en controladores externos adecuados para el niño. Ejemplos:

1. Toda la clase gana un privilegio o recompensa, si uno o varios niños alcanzan un objetivo.

2. Las contingencias dependen de la conducta individual de unos alumnos pero se tiene en cuenta el comportamiento de todos los niños de la clase para poder ganar consecuencias, por ejemplo cuando se hacen varios grupos que participan en una *gymkhana* y son premiados en función del comportamiento de sus miembros.

3. Se valora y recompensa la consecución de un objetivo grupal, como cuando todos mantienen diez minutos de silencio.

- **Control de estímulos.** Modificar los estímulos y condiciones ambientales que controlan o anuncian una situación con el fin de favorecer las conductas adecuadas y/o disminuir las inadecuadas. Por ejemplo, el timbre del colegio anuncia que finaliza el recreo, o la ventana abierta aumenta la distracción de los alumnos.

- **Coste de respuesta.** Pérdida de privilegios o de puntos acumulados cuando se emiten determinadas conductas inadecuadas, estipulando previamente la dimensión de la pérdida que supone cada infracción, para ello:

  a) Programar cuál es el refuerzo positivo que va a conseguir mediante la ejecución de la tarea.

  b) Definir qué conductas se van a considerar negativas e inadecuadas (y que debe intentar no realizar), determinando el número de ellas permitidas en ese periodo de tiempo.

  c) Indicándole que sólo conseguirá el refuerzo si comete sólo ese número determinado de fallos estipulado, pero siempre animándolo a que se autocontrole, porque todavía tiene posibilidades de obtener refuerzo.

- **Economía de fichas.** Es el procedimiento para instaurar o aumentar distintas conductas en el niño, con el objetivo de que se conviertan en un hábito mediante la obtención de fichas de distinto valor canjeables por los premios elegidos previamente por el niño y tasados por el profesor.

- **Extinción.** Procedimiento eficaz que reduce o disminuye la conducta mediante la eliminación de la consecuencia que la mantiene, por ejemplo la retirada de atención que presta el profesor. Siempre que se utiliza esta técnica es necesario el uso del refuerzo cuando presente la conducta adecuada.
- **Guía física.** Apoyo físico que dirige un movimiento manual o corporal.
- **Manejo de contingencias.** Ante una determinada conducta, definido el objetivo a conseguir (aumentar o disminuir su frecuencia, extinguir, eliminar, hacerla resistente a la extinción, que se mantenga en el tiempo sin necesidad de consecuencia inmediata, etc.), se determina qué consecuencia va a seguir (refuerzo positivo, refuerzo negativo, eliminación de la consecuencia, castigo, etc.) de manera contingente. La contingencia se refiere a la relación entre la emisión de la conducta y la aparición de la consecuencia si siempre que se realiza la conducta va a ir seguida de la consecuencia, o sólo en algunas ocasiones, encontrándose diferentes patrones (de intervalo fijo/variable, de razón fija/variable), cada uno de ellos con diferentes efectos sobre la conducta.
- **Modelado.** Proceso de adquisición de un comportamiento por medio de la observación de un modelo. Aprendizaje vicario. En este procedimiento, el técnico puede realizar la conducta objetivo apoyada o no con la verbalización de los pasos a seguir (autoinstrucciones), para conseguir posteriormente que el sujeto aprenda tanto el comportamiento motor, como el proceso de decirse en voz alta los pasos a seguir para realizar bien esa conducta.
- **Refuerzo.** En el aprendizaje instrumental se refiere tanto al fenómeno de aumento en la frecuencia de emisión de una conducta, como al procedimiento a seguir para conseguir el aumento de la frecuencia en la emisión de una conducta. La administración de una consecuencia de manera sistemática y contingente a una conducta, hace que esta conducta aumente. Los refuerzos pueden ser sociales como los halagos, materiales como chucherías, o de actividad como tiempo de juego.
- **Resolución de problemas.** Proceso cognitivo mediante el cual se aprende a tomar decisiones para resolver de manera eficaz dificultades sociales y escolares, que va guiado por una serie de preguntas:
  1. Definición del problema (las causas y consecuencias): cuál es el problema, por qué se originó, qué tengo yo que ver en lo que ha ocurrido, qué consecuencias tiene lo que he hecho.
  2. ¿Cuál es mi objetivo? ¿Qué quiero conseguir?

© ITES-Paraninfo

3. Generación de alternativas: ¿Cómo lo puedo solucionar? Qué otras soluciones podría utilizar.

4. Valoración de las diferentes alternativas: qué consecuencias puede tener cada una de ellas, cuál es la mejor, la más segura, la más eficaz, la que me va a crear menos problemas, la más justa, la que crea buenos sentimientos en los demás...

5. Toma de decisión de cuál vamos a utilizar.

6. Ejecución.

7. Evaluación continua: qué tal lo estoy haciendo, estoy utilizando la alternativa que he elegido.

8. Evaluación final: cuál es el resultado, he utilizado una alternativa adecuada, la he utilizado correctamente.

- **Tiempo fuera.** Procedimiento que consiste en retirar al alumno de la situación, durante un período de tiempo limitado (un minuto por año de edad) dentro del aula o fuera de la misma, con el objetivo de eliminar el acceso a las consecuencias agradables que obtiene tras la emisión de su conducta, como las risas de los compañeros. Se utiliza cuando la obtención de las consecuencias agradables no depende del profesor, sino de otros elementos presentes en la situación, en el aula suelen ser los comportamientos del resto de los compañeros. Siempre que se utiliza esta técnica es necesario el uso del refuerzo cuando presente la conducta adecuada.

Bibliografía

Barkley, Russel A. (1999): *Niños hiperactivos. Cómo comprender y atender sus necesidades especiales*, Barcelona: Paidos.

Bonet Camañes, T. (comp.) (1992): «Aplicación de la técnica de autocontrol: la tortuga, en un aula de tercero de EGB» (107-165 pp.). En *Problemas psicológicos en la infancia: Programas de intervención*, Valencia: Promolibro.

Capafons Bonet. A., Silva Moreno, F. (1991): Cuestionario de Autocontrol Infantil y Adolescente (CACIA), Madrid: TEA Ediciones.

Camp, B. y Bash, M. A. (1998): *Habilidades cognitivas y Sociales en la Infancia: Piensa en voz Alta. Un programa de Resolución de problemas para niños*, Valencia: Promolibro.

Douglas, V. A. (1984): «The psychological processes implicated in ADD», cap. 8, pág. 149. En *Attention Deficit Disorder: Diagnostic cognitive and therapeutic Understanding*, Nueva York: Spectrum Publications.

Equipo Metra (2002): *Hiperactividad y trastorno disocial en la escuela. Guía para educadores*, Madrid: Defensor del Menor.

Gratch, L. O. (2000): *El trastorno por déficit de atención: clínica, diagnóstico y tratamiento en la infancia, la adolescencia y la adultez*, México: Editorial Médica Panamericana.

Kirby, E. A. y Grimley, L. K. (1992): *Trastorno por Déficit de Atención*, México: Limusa.

Meichenbaum, D. H. y Gooddddman, J. (1971): «Training impulsive children to talk to themselves: A means of developing self control», *Journal of AbbbnormalPsychology*, 77, 115-126.

Meichenbaum, D. H. (1977): *Cognitive-behavior modification: An Integrative approach.* New York: Plenum Press.

Miranda Casas, A., Miranda, R. y Soriano F. (1998): *Estudiantes con deficiencias atencionales*, Valencia: Promolibro.

Miranda Casas, A., y Meliá de Alba, A. (2005): *Psicología de la Instrucción: Mejora del Proceso de Enseñanza/Aprendizaje de los niños con TDAH*, Valencia: Primer Congreso Nacional de TDAH.

Miranda Casas, A., Jarque, S., y Tárraga, R. (2006): «Interventions in School Settings for Studentes With ADHD», *EXCEPTIONLITY*, 14 (1, 35/52).

Orjales, I. (2000): *Déficit de Atención con Hiperactividad. Manual para padres y educadores*, Madrid: CEPE.

Orjales, I. (2001): *Hiperactividad. Programa de intervención cognitivo-conductual para niños con déficit de atención con Hiperactividad*, Madrid: CEPE.

Safer, D. y Allen, R. (1979): *Niños hiperactivos: diagnóstico y tratamiento.* Madrid: Santillana.

Taylor, E. (1998): *El niño hiperactivo. Una guía esencial para los padres para comprender y ayudar al niño hiperactivo*, Madrid: EDAF.

Wechsler (2005): *WISC-IV Escala de Inteligencia de Wechsler para niños*, TEA Ediciones S.A.